KB275076

100만 여성 바둑 애호가를 위한

여성 바둑 강좌④

# 맥을 알아야 바둑을 잘둔다

大竹英雄 지음
프로바둑연구회 편

太乙出版社

# 머 리 말

    이 책에서는 맥에 대한 이모저모를 다루었다. 바둑에서 맥이 차지하는 비중은 자못 크다. 맥이란 바로 바둑 돌이 진행하는 길을 뜻한다고도 볼 수 있다.

    맥이 제대로 진행하여야만 좋은 모양(호형)이 이루어진다. 맥은 바둑의 모양을 형성하는 하나의 조건이다.

    맥에 관한 공부를 게을리 하면 바둑의 모양이 나빠진다. 바둑의 모양이 나빠진다고 하는 것은 결국 자신의 집을 제대로 지을 수 없다는 것을 의미한다. 바둑의 기본 목적은 무엇인가?

    대국에 있어서 제 1 의 조건은 바로 상대방보다 많은 땅의 확보에 있다. 그런데 맥에 대하여 제대로 알고 있지 못하면 결국 많은 땅을 효과적으로 확보할 수가 없다. 그래서 맥은 바둑의 모양, 즉 땅의 확보를 위한 작전 수행에 지대한 영향을 미치는 것이다.

    이 책에서는 바둑의 초보자를 위하여 보다 쉽게 맥을 이해하고 배우는 방법을 제시하였다. 그리고 실전에 있어서 맥을 활용하고 이해하는 방법도 또한 다루었다.

    이제 바둑을 배우기 시작한 독자나 혹은 바둑을 이미 배워서 그 진수를 충분히 맛보기 시작한 독자들에게나 이 책은 그 실력 향상에 상당한 도움을 줄 수 있으리라 확신한다.

아뭏든 이 책으로 말미암아 독자 여러분, 특히 바둑을 가까이 하고 싶어하는 여성 독자 여러분의 앞날에 건강과 행운이 함께 하길 빈다.

저 자 씀.

# 차 례

# 제1장

# 쉬운 맥
# 배우는 방법

## ◉쉬운 맥을 배움에 있어서

맥은 돌의 맥(돌과 돌과의 관계) 중에서도 여러 가지 효과를 올리는 맥이다.

예를 들면 상대의 돌의 연락을 방해하는 것이나, 상대의 돌을 경단이 되게 하든가——등과 같은 역할을 한다.

또 자군의 돌에 대해서도 맥이 작용하는 경우가 있다. 상대가 포위하여 돌을 취하려 하고 있을 때 맥으로 멋지게 탈출할 수 있는 것이다.

그러므로 맥을 놓을 수 있을 때는 참으로 통쾌하다. 상대가 눈치채지 못하게 놓고, 재빨리 허리를 찌름으로 그맛은 무어라 표현할 수가 없을 정도이다.

제1장에서는 바둑의 기초가 되는 바른 맥에 대해 서술했다. 다소 맥도 나왔으나 본제의 맥과는 거의 관계가 없다. 그러나 기본이 단단하지 않으면 맥만을 외워도 거의 강해질 수 없다.

단단하게 맥을 외운 다음에 맥에 들어가야 할 것이다.

그러면 맥은 어떻게 공부하면 잘 익힐 수 있을까? 우선 형으로 기억하는 것이 중요하다. 마늘모의 맥, 붙이기 맥, 건너붙이기의 맥 등 여러 가지가 있다. 어떤 형에는 어떤 맥이 있다 라고 결정되어 있다.

따라서 그 상황을 보아 맥이 있나 없나를 판단할 수 있어야 한다.

이 장에서는 우선 기본이 되는 맥을 형만 다루어 보았다. 여러분은 그것을 단단히 머릿속에 집어넣고 확실하게 익힌 다음 제3장으로 전진해 가도록 한다.

제3장은 실전이나 정석으로 나가는, 말하자면 실용적인 맥을 다루었다. 어떤 국면에서는 어떻게 놓기 위해 어떤 맥이 유효하다 라는 식이다.

즉 제2장에서 배운 맥이 얼마나 유효한 것인지 여러분은 실전에서 느끼게 될 것이다.

그럼 그 기초가 되는 맥에 관하여 공부하기로 하자.

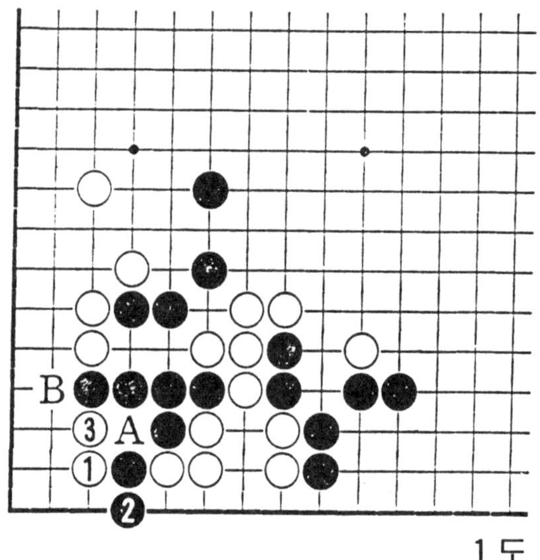

1도

## 1.  모양으로 외우는 맥

맥을 외우는 데는 우선 형을 단단히 자신의 머릿속에 그려둘 필요가 있다.

어째서 그래야 하는지를 설명하기로 하겠다.

맥이라는 것은 대개 상대의 형에 결함이 있는 장소에 성립하는 것이다. 그 결함이 있는 형을 알아 어디에 두면 큰 효과를 거둘 수 있는지, 그 놓기를 생각해야 하는 것이다.

그러나 그 자그마한 돌 주변에도 변화는 무한정에 가까울 정도로 많고, 그 하나하나를 읽어가는 것으로는 도저히 전부를 읽을 수가 없다.

그래서 형으로 외울 필요성이 생기는 것이다.

한가지 구체적인 예를 들어 보겠다.

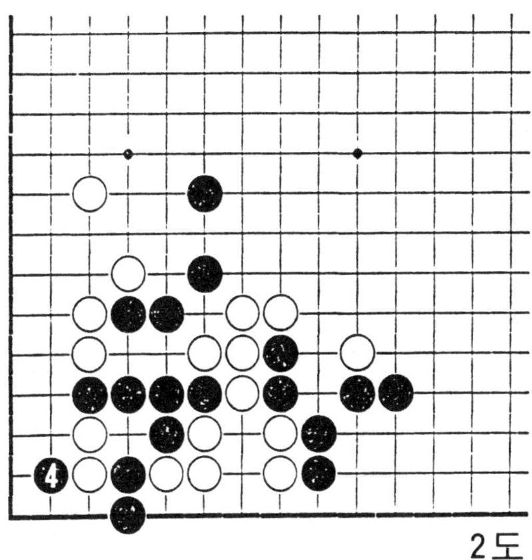

2도

1도(백의 침략)

이것은 백의 양 걸치기 정석에서 생긴 변화이다.

백이 1로 끼워붙이고 3으로 침략을 가해가고 있다. 다음에 흑A로 이어 백B로 걸치려는 것 같다. 그러나 흑에는 취해 둔 맥이 있었다.

2도(족제비 배 붙이기)

흑4의 붙이기가 그것이다. 이것을 특히 '족제비 배 붙이기'라고 부르고 있다.

이 흑4로 백의 침략 야망은 완전히 깨어져 버리는데, 이 맥 등 형으로 외우고 있지 않으면 도저히 발견할 수 없을 것이다(맥에는 형 외에 작용으로 보는 방법도 있다. 그것은 다음 항에서 서술하겠다).

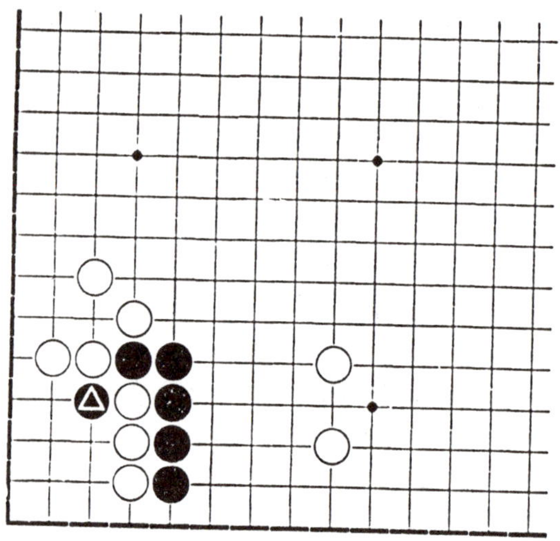

제 1 형

## 1. 마늘모의 맥

○제1형 흑선

구석에 남겨진 ● 한 점을 이용하여 흑이 좋아질 수단은 없을까——하는 과제이다.

1도(맥)

이 경우, 흑1로 대각선으로 놓는 것이 산뜻한 맥이 된다.

이 형에서는, 흑A로 붙이는 것으로는 백이 B로 받아 수가 되지 않는다. 이것은 아마 초보자들도 알 수 있는 것일 것이다.

흑1에서 흑B로 붙이는 수를 생각할 수 있는데, 그것은 백A, 흑1 때 백C, 흑D, 백E, 흑F, 백G, 흑H로 패가 된다.

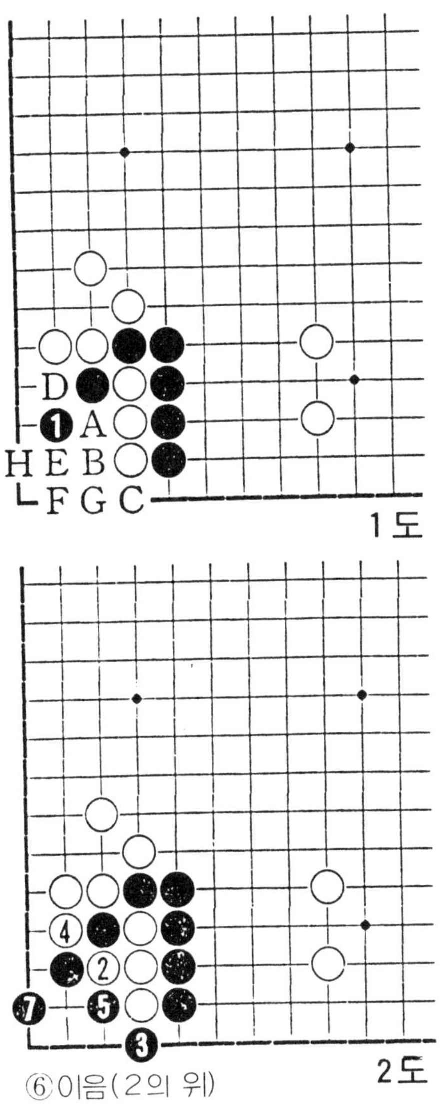



1도

2도

혹1에 대하여 백D로 단수하는 것은 혹에 A로 이어져 백 세 점이 취해져 버린다.

따라서 백도—

2도(일단락)

2로 단수를 한다. 이때 거슬리지 말고 혹3으로 아래에서 젖히는 것이 좋은 맥이다.

백4로 취하면 혹5의 단수를 이용하여 혹7로 걸쳐 잇는다. 구석의 백의 땅을 어지럽히고, 혹에는 한 눈이 되었다. 이것이 마늘모 맥의 효과인 것이다.

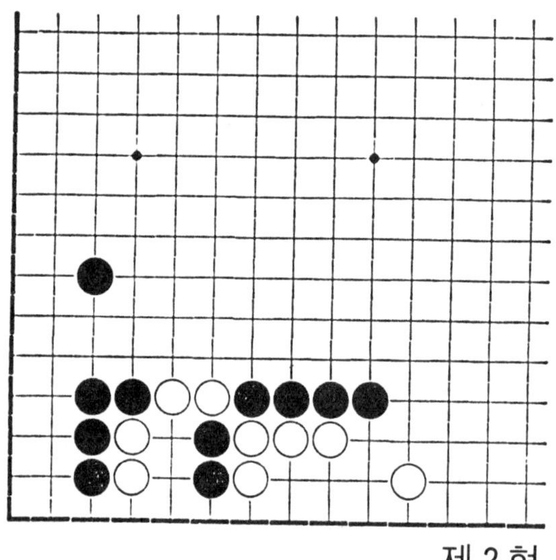

제 2 형

○제 2 형 흑선

　중앙 아래쪽의 흑 두 점은 얼핏 보면 구제될 것 같지 않다.

　그러나 잘 보면 백의 형에 결함이 있어서 움직여 내는 수가 있다. 어떤 수인지 생각해 보자.

　1도(맥)

　흑1이 상당히 멋진 마늘모 맥이다. 이것으로 백이 곤란해지므로 맥의 훌륭함을 알 수 있다.

　마늘모 자체가 상당히 견실한 놓기이지만, 경우에 따라서는 '능숙한 마늘모, 서툰 마늘모'가 되기도 한다.

　그럼 흑1 뒤의 놓기를 나타내 본다.

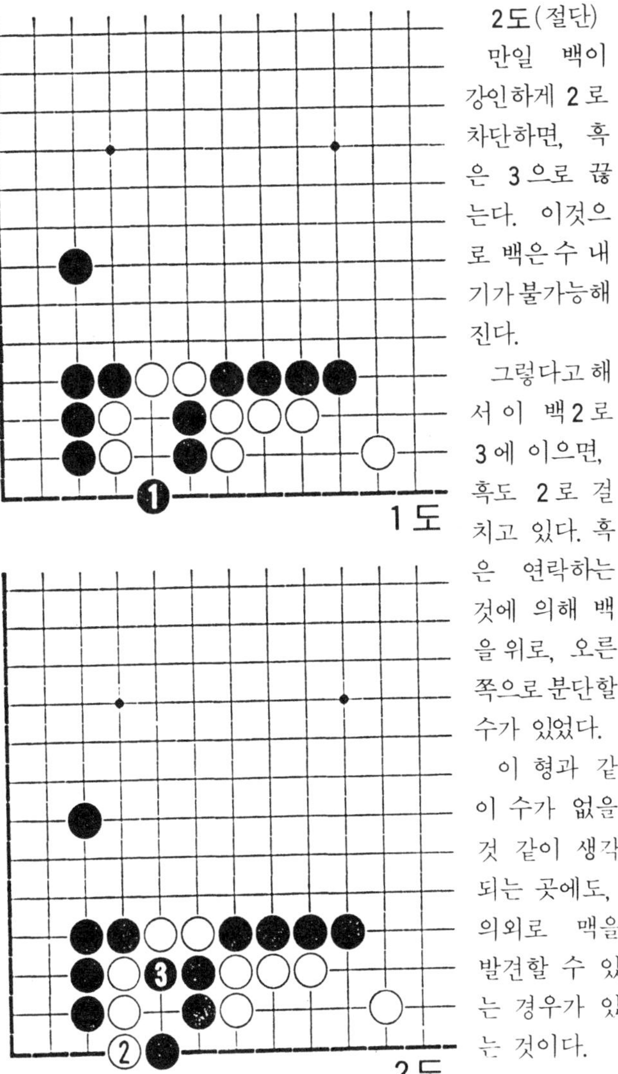



**2도(절단)**

만일 백이 강인하게 2로 차단하면, 흑은 3으로 끊는다. 이것으로 백은 수 내기가 불가능해 진다.

그렇다고 해서 이 백2로 3에 이으면, 흑도 2로 걸치고 있다. 흑은 연락하는 것에 의해 백을 위로, 오른쪽으로 분단할 수가 있었다.

이 형과 같이 수가 없을 것 같이 생각되는 곳에도, 의외로 맥을 발견할 수 있는 경우가 있는 것이다.

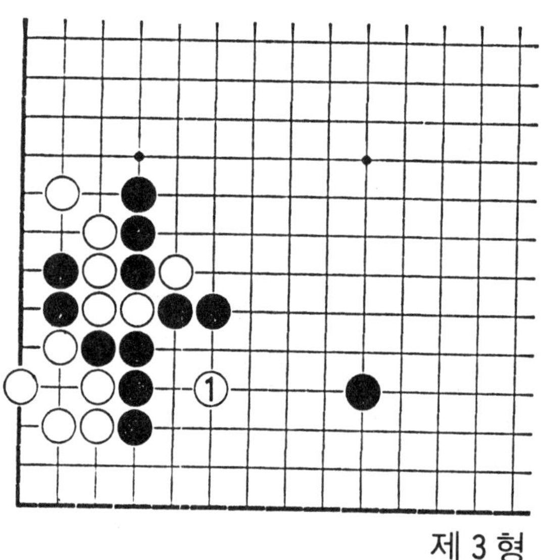

**제 3 형**

## ○제 3 형 흑선

백이 1로 빼어 흑의 응수에 답하고 있다. 이런 상황에서는, 흑은 어떻게 대응하면 좋을까.

**1도**(맥)

여기서는 흑1로 대각선으로 놓는 것이 맥이며, 하나의 형이 되어 있다.

여기에서 백A로 끊어주면 흑은 B로 뛰어낼 것이다. 그래서 들어오는 백을 곤란에 빠뜨리려 하는 것이다.

흑은 1로 대각선으로 놓는 것에 의해, 장래 흑C 젖히기를 거의 선수로 놓을 수 있다. 만일 ⟁로 빼어간 수가 아무런 역할도 못하고 흑의 수중으로 들어간다고 하면, 흑 C의 젖히기를 남긴 만큼 백은 손해를 입게 된다.

이렇게 마늘모를 항상 놓을 수 있게 되면 유단자로써의

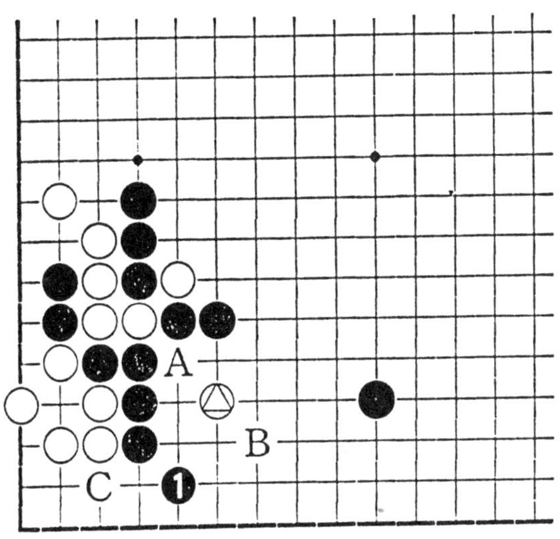

1도

자격은 충분하다.

⊠ **맛 나쁜 형에 주의**
**참고도**(이용되다)

혹 1 로 받으면 안전할
것 같이 여겨지지만, 이
것은 상당히 맛이 나쁜
수이다.

백은 언제라도 2 의 내
리기를 선수로 살릴 수
있다(다음에 백A의 젖

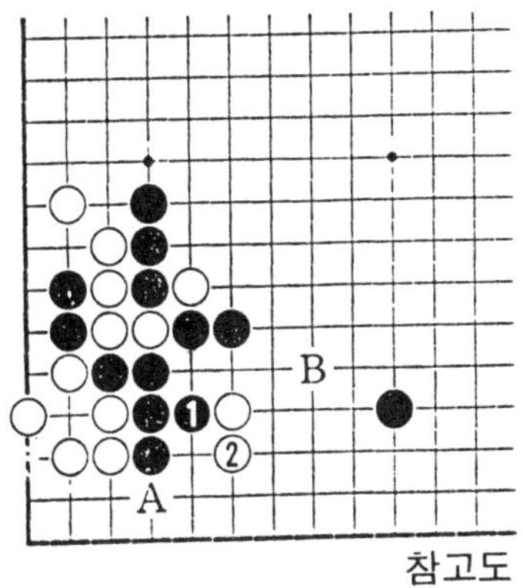

참고도

히기가 남는다). 백B 등으로 움직여 내어지면 공격은 커
녕 반대로 좌우 혹 처리에 곤란을 겪을 것이다.

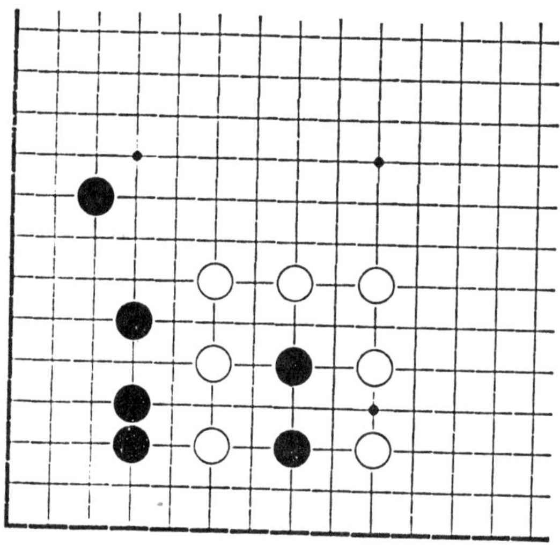

제 4 형

## 2. 붙이기의 맥

○제 4 형 혹선

붙이기 맥은 곳곳에 있다. 이 정도로 종류가 많은 맥도 드물 것이다.

그 기본 중의 기본이 이 형이다.

1도(아래 붙이기)

우선 흑1의 붙이기에 안목이 있으면 합격이다. 이것으로 일단 오른쪽의 ● 한 점은 연락할 수 있다(참고도 참조).

이어서 백A로 젖혀내면 어떻게 될 것인가, 또 반대편의 백B로 뻗어내면 어떨까 하는 것은 각자의 안목으로 쫓아보기 바란다.

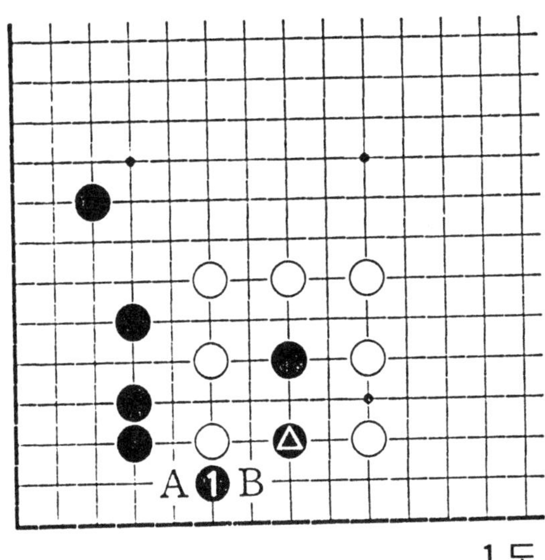

1 도

혹1의 붙임맥을 외워두는 것도 중요하지만, 그 뒤 변화를 읽어내는 것도 중요하다.

◇ 욕심을 부리지 않는다

**참고도** (형을 정비한다)

1도 혹1로 건넌 다음, 만일 이와 같이 백1로 빼어가면 어떨까? — 이 받기를 모르고 있으면 곤란을 겪는 경우가 있다.

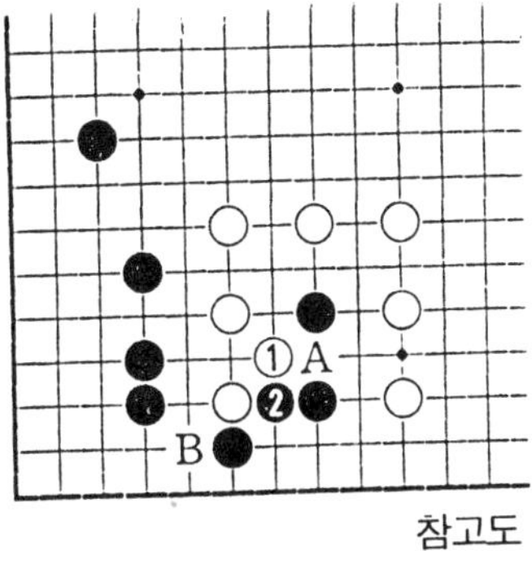

참고도

혹2로 형을 정비하는 것이 바른 놓기이다. 혹A 등으로 잇거나 하면 백에 B로 젖혀져 곤란을 겪게 된다.

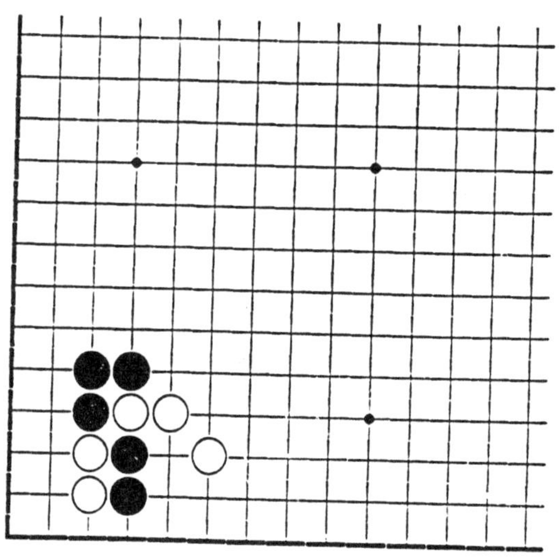

제 5 형

○제 5 형 흑선

이것도 맥 중에서는 자주 나오는 것이다.

흑은 이 때 어떻게 놓으면 좋을 것인가 하는 문제이다.

1 도 (맥)

흑1로 붙이는 것이 바른 놓기이다. 얼핏 보면 책이 잘못된 것이 아닐까 하는 의문을 가질 만한 수이다.

이것으로 백의 두 점을 취할 수 있으므로 맥의 훌륭함을 잘 알 수 있다. 다음에 백A로 차단하면 흑B로 건너면 좋을 것이다. 또 백B라면 당연 흑A로 백은 도움을 받지 못한다.

뒤로 이것과 관련이 있는 맥이 나오는데, 3 단(아마츄어) 정도의 사람들도 이 맥을 놓칠 정도이므로, 머릿속에 잘

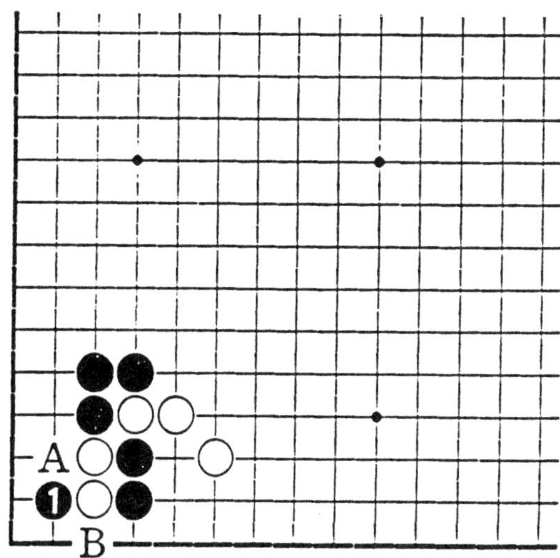

1 도

넣어두기 바란다.
◩ 속수에 주의
**참고도** (젖혀잇기)
평범하게 생각할 수 있
는 것이 이 흑1·3의
젖혀잇기이다. 이것으로
는 백4 (이것도 맥)까지
에서 흑 두 점은 구할 수
없다.

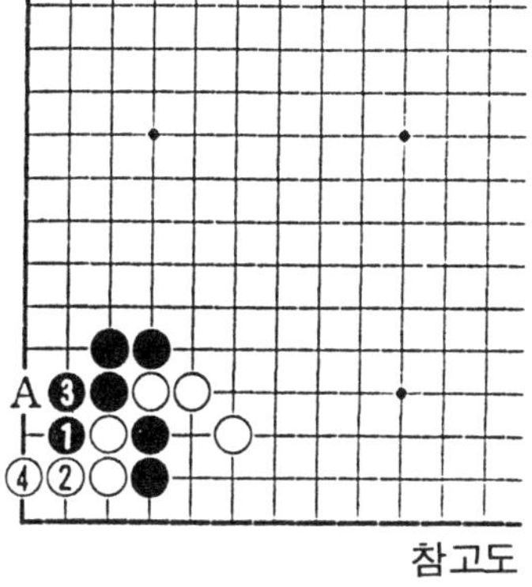

참고도

더욱 흑3에서 4로 젖
히고, 백3의 끊기에 백A로 젖혀 패로 버티는 맥이 있으
나, 무조건 취할 수 있는데 패로 할 필요는 없을 것이다.

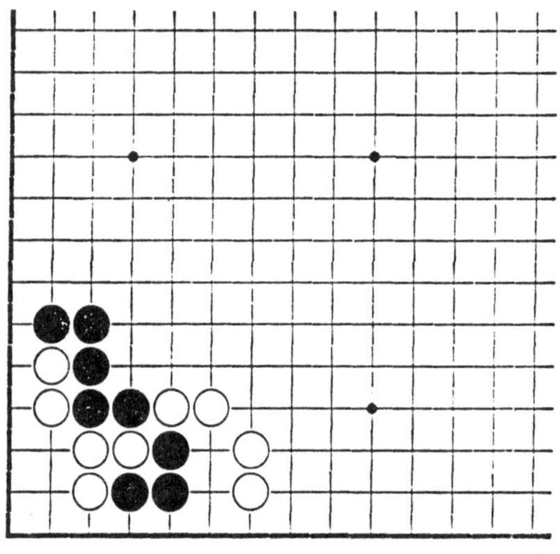

유형

◇유형 흑선

이것도 서로 공격하는 맥이다.

흑부터 놓아 결과는 어떻게 될까?

2도(동수맥)

역시 흑1로 붙이는 것이 좋은 맥이 된다.

이어서 백A로 이으면 흑B로 건너 공격은 흑에서 3수 (백의 공배의 수가 3개라는 의미), 백에서는 4수가 걸리기 때문에 분명하게 흑의 승리이다.

2·2의 급소

2도 흑1의 점은 왼쪽에서 2로째, 또 아래에서도 2로째이므로 이 위치를 '2·2'라고 하고 있다. 2·2가 형의 급소가 되는 경우가 많기 때문에, 특히 '2·2' 급소라고 부르고 있던 것이다.

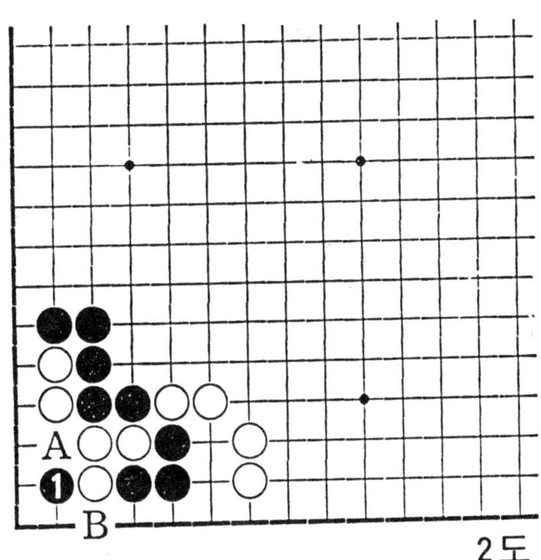

2도

◇ 눈 있고 눈 없음

**참고도**(어려운 변화)

보통 흑1로 젖히면 어떻게 될까.

백은 2로 구부려 3에 4로 내린다.

흑5 이하로 열심히 쫓아 들어가도 10까지에서 백의 한 수 승리가 된다.

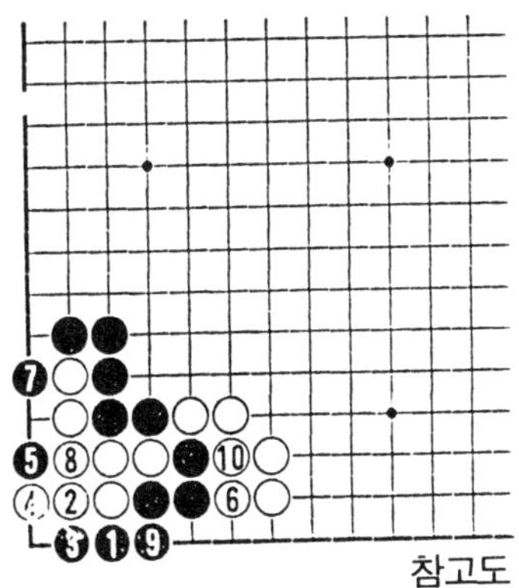

참고도

이런 까다로운 변화도 1도 흑1로 간단하게 해결된다.

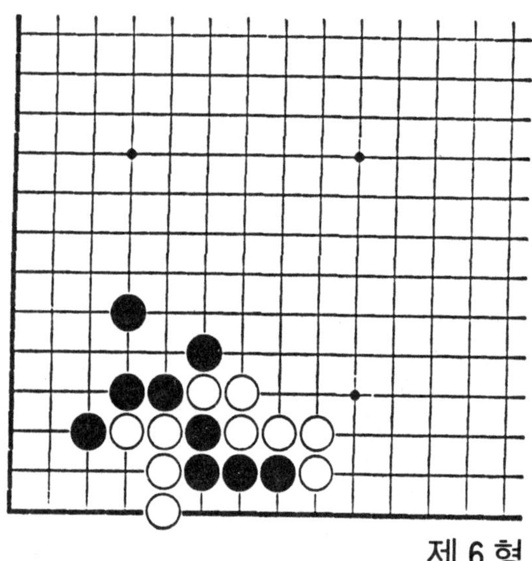

제 6 형

## ○제 6 형 혹선

같은 붙이기 맥이라도 묘한 곳으로 붙여가는 것이 많기 때문에 주변의 형을 몇 번이고 확인하여 실전에서 실수하는 일이 없도록 주의하기 바란다.

이것도 서로 공격하는 맥이다. 왼쪽의 백 네 점과 오른쪽 혹 네 점과의 싸움인데, 혹은 어떻게 놓으면 이길 수 있을까?

### 1도(맥)

혹1로 붙이는 것이 바른 놓기이다. 백A라면 혹B로 단수. 또 혹1에 대해 백C라면 혹A로 한 수 승리가 된다.

혹1의 맥의 위력은 상당한 것이다.

혹1로 B의 공배를 메꾸는 것은 백에 C로 안겨 문제가 되지 않는다. 또 혹1에서 혹A로 공배를 메꾸는 것은 백

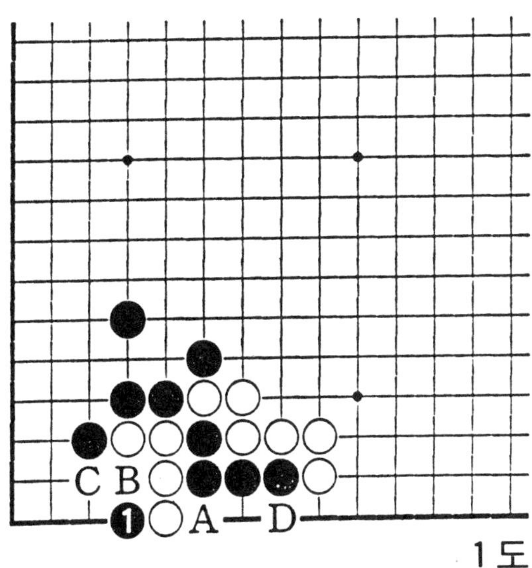

1 도

D로 간단하게 단수되어
버린다

◇ **초보자의 실수**

**참고도**(번뜩이는 수)

이와 같이 형이 만들
어졌을 때에 보통은 흑
1로 내릴 것이다. 백에
2로 공배를 메우게 하
여 한 수 패가 된다.

실전에서는 비슷한 형
에서, 1도 흑1로 놓는

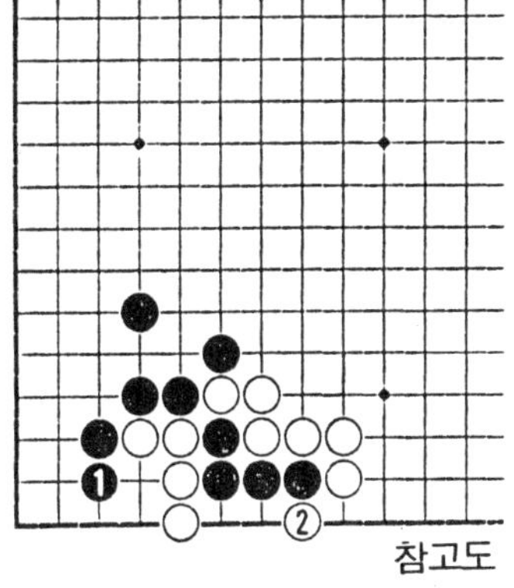

참고도

것을 알지 못하는 사람이 상당히 많다. 역시 공부가 부족
하기 때문일 것이다.

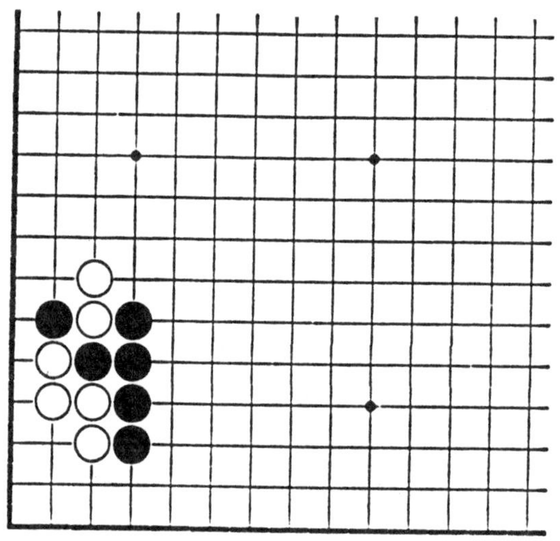

제 7 형

### ○제 7 형 흑선

이 형은 초반의 절충에서 나간다. 그만큼 맥으로써 효력
이 기대되는 것이다.

흑 차례이다. 어떻게 놓을 것인가?

**1 도**(맥)

흑 1 에 눈치를 챘는가. 이것이 '천구(天狗)의 코 붙이
기'라고 불리우는 맥이다.

백 A 로 반발하면 흑 B 로 연락해 버리려는 것이다. 흑 B
는 단순히 연락할 뿐만 아니라, 다음에 흑 C 로 내리는 것
이 되면 구석의 백을 돈사(갑자기 죽는다는 뜻)시킬 수 있
는 것이다.

그래서 어쩔 수 없이 백 B 로 흑의 한 점을 안으면, 흑 A
로 눌러 들어가는 것이다. 그 결과 수순을 바꾸어 흑 A 에

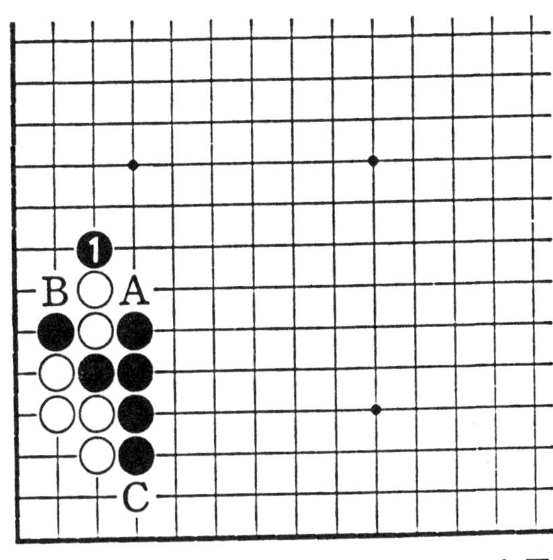

1도

서 흑1로 젖히게 되어 백이 괴로운 형이 된다.

　이 형을 **참고도**와 비교해 보면 그 효과를 잘 알 수 있다.

　⊠속수에 주의

**참고도**(밀기)

　보통 생각할 수 있는 수는 흑1의 밀기이다. 백은 2로 뻗을 뿐이지만, 이 2의 점을 흑이 뻗는가 젖히는가가 크게 형세를 변화시키는 것이다.

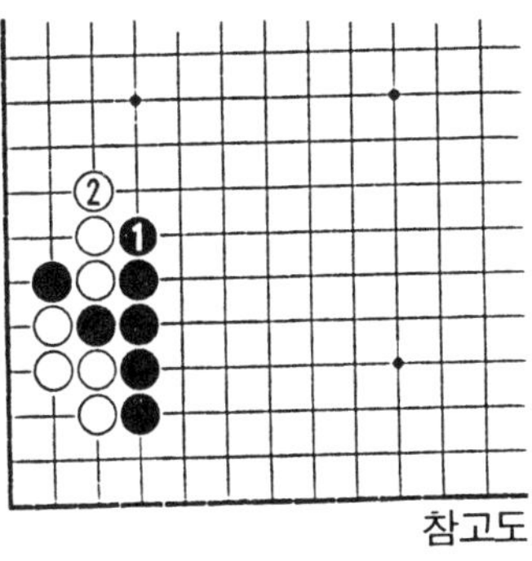

참고도

　그 뉘앙스는 초보자는 알 수 없을 지 모르지만 매우 중요한 것이다.

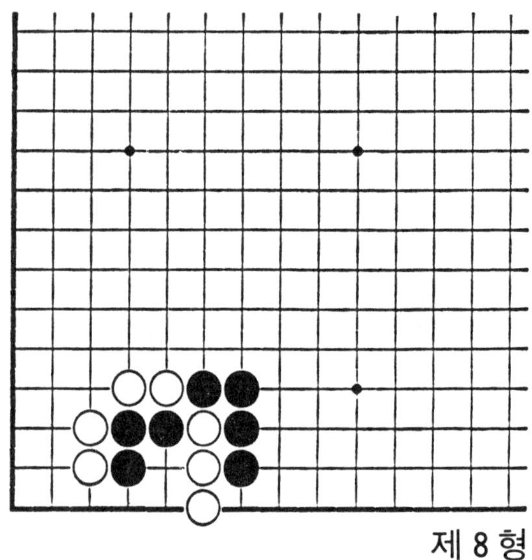

제 8 형

## 3. 마늘모 붙이기의 맥

○제 8 형 흑선

말할 것도 없이 흑 세 점과 백 세 점과의 싸움이다.

얼핏 보기에는 흑에게는 이길 맛이 없을 것 같지만, 아직 확실하게는 알 수 없다.

1도(마늘모 붙이기)

결론은 간단하다. 흑1로 마늘모 붙이는 것에 의해 흑은 이기고 있다. 백은 A로 놓을 수 없다. 자신 쪽이 단수가 되어버리기 때문이다.

어쩔 수 없이 백B로 내리면 흑C로 단수이다. 흑의 한 수 승리이다.

결국 콜롬부스의 달걀처럼 매우 간단한 것이다.

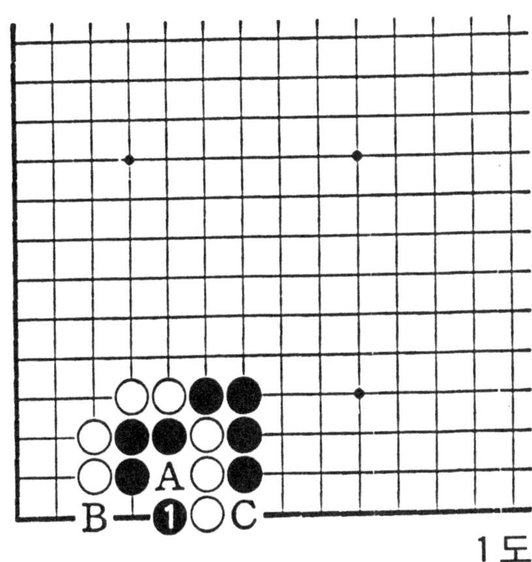

1 도

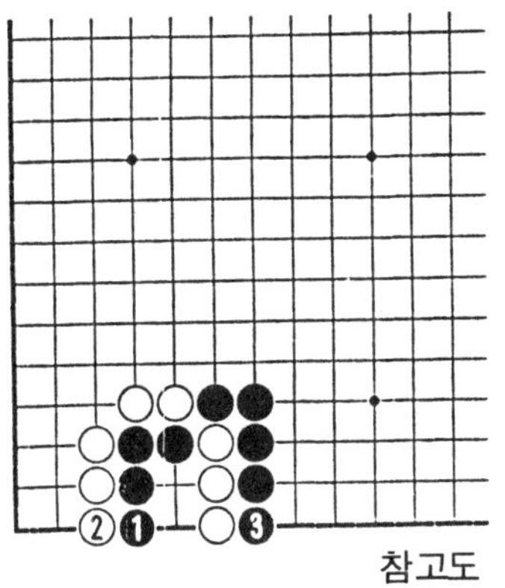

참고도

◯ 후수 빅

**참고도** (내리기)

혹 1 로 내리면 어떻게 되는 것일까?

백 2 로 공배를 메꾸는 것이 되지만 혹 3 의 수가 필요하게 되고, 어떻게든 빅에 도달하게 될 것 같은 느낌이다.

이기는 것을 좋아하여 빅, 게다가 후수 빅으로 하는 수는 없을 것이다.

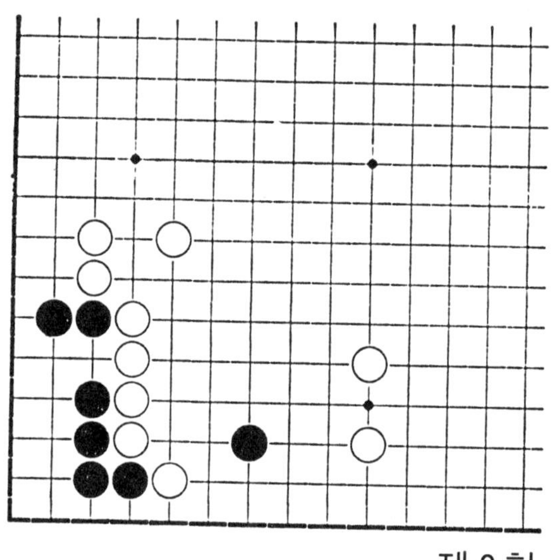

제 9 형

## 4. 끼워붙이기의 맥

○제 9 형 흑선

같은 붙이기라도 끼워붙이는 맥은 많이 있다.

이 그림과 같이 큰 백 모양 속에 흑 한 점이 남겨진 때, 어떻게 되지 않을까——하는 것이 여기에서의 테마이다.

**1 도**(끼워붙이기)

흑1이 그 답이다. 백 한 점을 양쪽에서 끼운 모습이 되어 있는 것으로, 끼워붙이기의 맥이라는 명칭이 있다.

●의 한 점에서 대각선으로 있으므로 마늘모 붙이기 맥의 범주에 넣는 경우도 있다.

이어서 백이 A로 차단하면 흑B로 끊어버리려는 것이다.

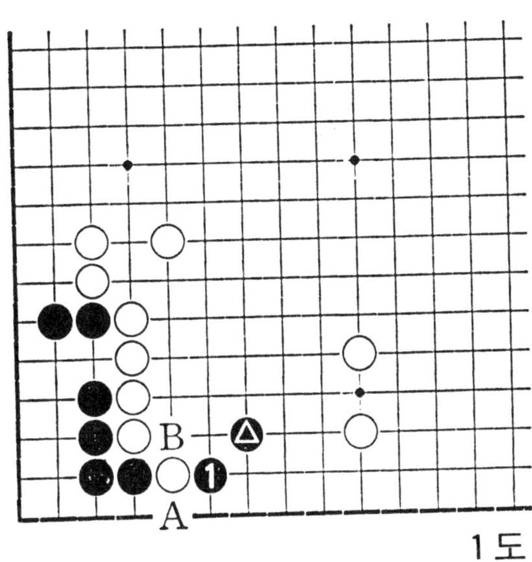

1 도

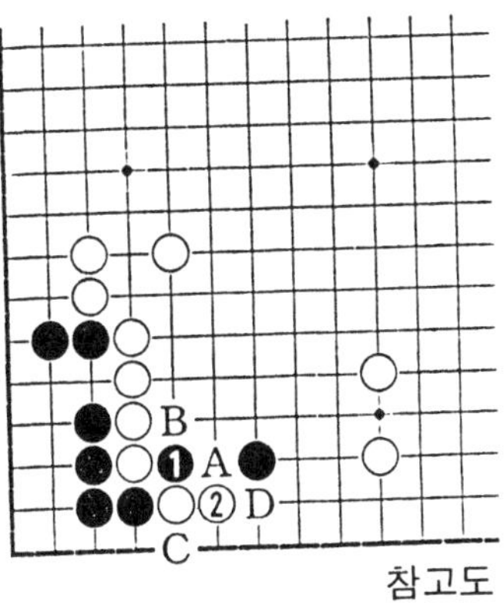

참고도

◻ 수가 되지 않는다
**참고도**(끊기)

혹1로 끊고 싶지만 백에 2로 뻗치면 수가 되지 않는다. 만일 백2에서 백A로 단수하면 혹2로 끊어 건넌다( 다음에 백B 취하기, 혹C에 백D로 끊어 패로 한다는 의미). 백2 뻗기도 이때 맥이라고 할 수 있을 것이다.

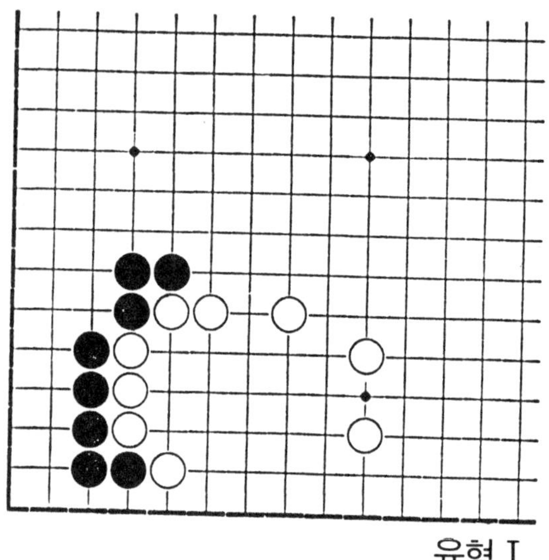

유형 I

◇**유형 I 흑선**

침략의 맥 문제이다. 흑은 어떻게 놓아 백의 땅을 침략하는가.

**2도**(맥)

흑1의 끼워붙이기가 절호의 맥이 된다.

이어서 백은 A로 받고, 흑B로 단수하여 건널 것이다.

이 맥이 성립하는 것은 C점에 백의 결함이 있는 탓이다. 언제나 이런 끼워붙이기가 좋다는 뜻은 아니다.

**3도**(엉뚱한 패싸움)

그러면 앞 그림에 이어서, 만일 백1로 차단하면 어떻게 되는가, 이것을 확인해 둔다.

당연 흑은 2로 끊어간다. 백3은 어쩔 수 없지만, 흑4로 뻗어내어 세 점이 단수가 되었다.

결국 혹6이 된 수이다.

다만 이 그림의 경우, 혹 6에 이어 백 A로 단수, 혹 B의 취하기 때 백C로 단수 할 여지는 있다. 그러나 혹 D로 단수된 패 이다. 이 패는 만약 지면 백 모양은완전히 소멸해버리므 로 위험한 패 이다. 이런 패 는 거는 것이 엉뚱한 것이 며, 바둑은 지 게 된다는 것 을 알기 바란 다.

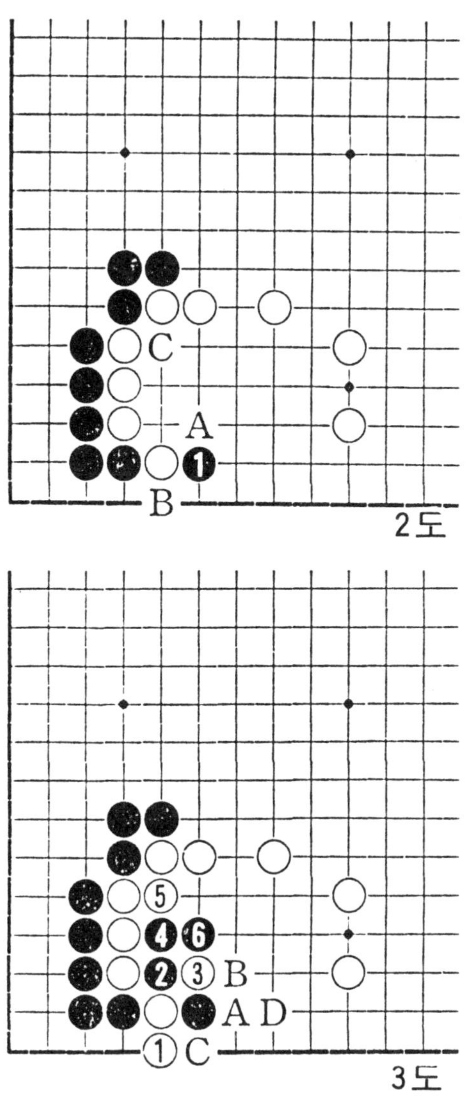

2 도

3 도

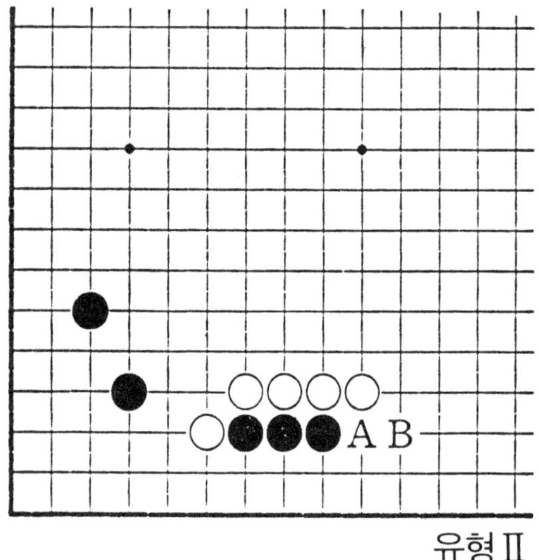



◇유형 Ⅱ 흑선

흑이 오른쪽 A로 뻗으면 살 수는 있다. 그러나 백에게 B로 젖혀지면 백을 점점 두껍게 만들게 된다.

그러면 왼쪽에서는 어떻게 되는가 하는 것이다.

**4도**(연락)

흑1의 끼워붙이기가 좋은 맥으로, 이것으로 좌우의 흑이 연락된다.

만일 백A로 내리면 흑B로 끊고, 또 백B로 이으면 흑은 A로 연락한다.

다만 이 형은, 백이 C나 D 주위로 갈 때에 백A로 내리는 수가 생기기 때문에 그점만은 잊지 말도록.

백도 흑1에 대해 그대로 백C나 백D를 겨냥한다.

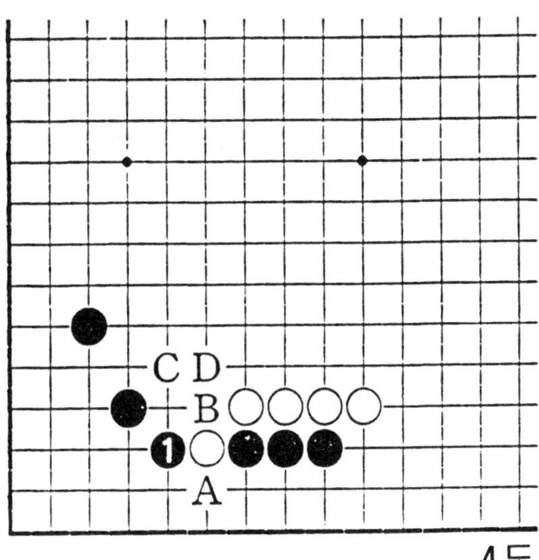

4도

◈ 속수에 주의

**참고도**

이상하게도 건널 수 없다는 것을 알면서도 어떻게든 해 보려는 것이다. 흑1·3은 그런 것을 나타낸 것인데, 백4로 차단되면 좋지 않다. 이어서 흑A로 이으면 백도

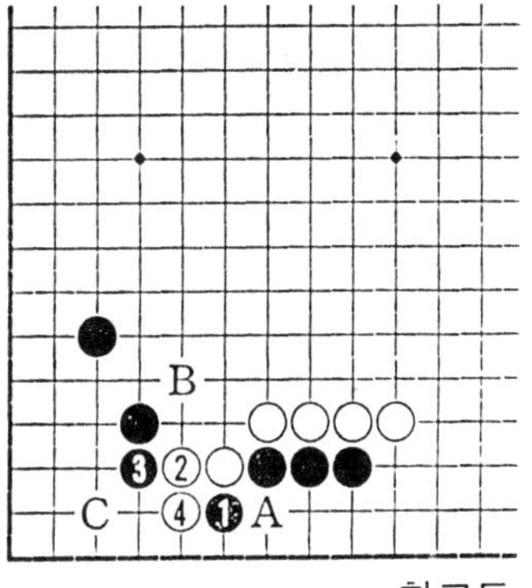

참고도

B로 대비 백C로 뛴다. 이런 놓기는 절대로 하지 않도록.

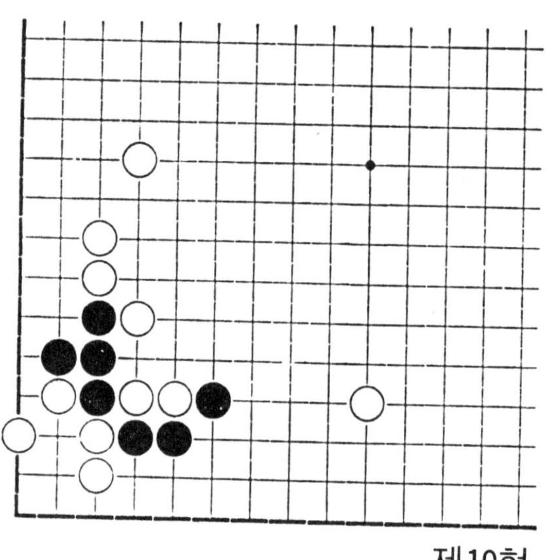

제10형

○제10형 흑선

얼핏 보면 흑은 제각기 놓여진 것 같다.

왼쪽의 네 점과 하변의 세 점, 그 어느쪽은 살릴 수 있을 것도 같지만 그다지 재미는 없다. 그런 때에 맥이 큰 활동을 하는 것이다.

1도(맥)

흑1의 끼워붙이기가 바른 놓기이다.

◎의 두 점은, 말하자면 좌우로 분단되어 있는 돌이다. 그것이 꼼짝 못하게 되었으므로 백에게 있어서는 슬픈 장면인 것이다.

다짐하기 위하여 덧붙여 두는데, 백A라면 흑B로 정리하여 취해져 버린다. 백도 놓는다면 B로 잇는 정도인데, 흑A에서 백의 요석은 그것까지이다.

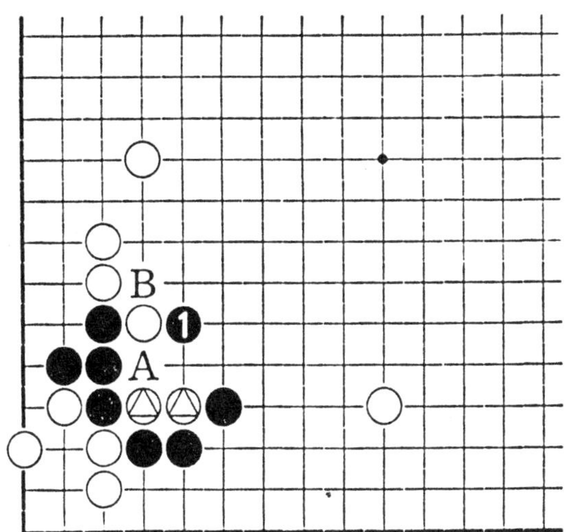

1도

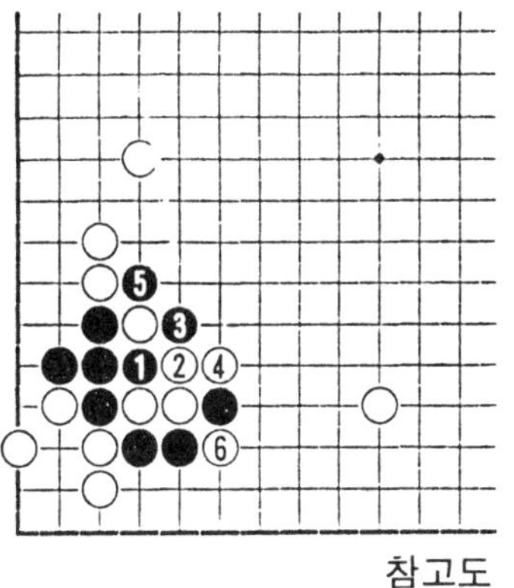

참고도

⊠ 한쪽을 구해도

**참고도** (운니(雲泥) 의 차)

혹1·3으로 내어 끊으면 양쪽 단수, 혹5로 한 점을 빼어 기뻐하는 것으로는 아직 먼 것이다.

백6으로 안아 혹의 생명을 제지하는 것인데, 이것과 1도와는 혹이 얻은 이익은 문제외이다. 게다가 위의 혹은 아직 확실한 안이 없다.

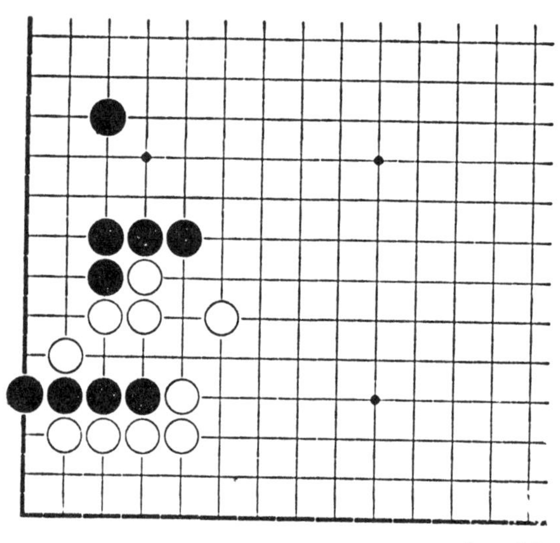

제11형

○**제11형 흑선**

흑의 네 점을 구출하는 수가 있는지 어떤지 생각해 보시오.

이 문제도의 특징은, 후에도 몇 번인가 나올 것이지만 ● 의 내리기(제1선에 가 있다)가 있는 것이다.

돌이 제1선에 있으면 여러 가지 맥이 생기기 쉬운 것이다.

**1도**(맥)

흑1이 정해이다.

이것은 △의 백을 끼워붙이고 있는 것으로 이미 끼워붙인 부로 올렸으나, 동시에 다음에 오는 대어붙이기의 의미도 있어 명확하게 구별할 수는 없다.

이어서 백A라면 흑B로 잇고 있어 특별히 어떻게 되는

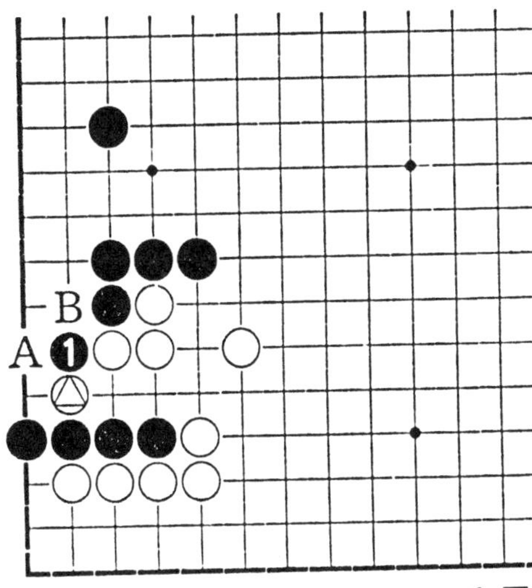

1 도

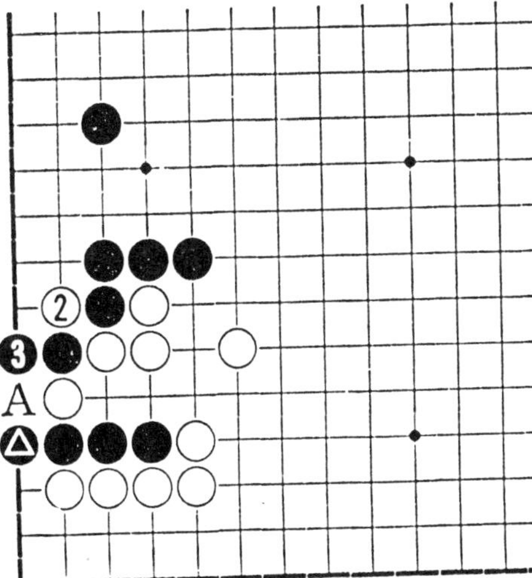

2 도

일은 없다.

또——

**2 도**(검토)

백 2 의 끊기에 대해서는 흑 3 의 내리기가 성립하는 것이다. 이 내리기는 초보자가 눈치채지 못할 맥일 것이다.

요컨대 백 A 로 끼워넣을 수 없는 것이 특색이다.

그런데 초보자들 중에는 이 맥을 외워, ●의 내리기가 없는데 그만 1 도 흑 1 로 끼워붙여 실패하는 사람이 있다. 주의하기 바란다.

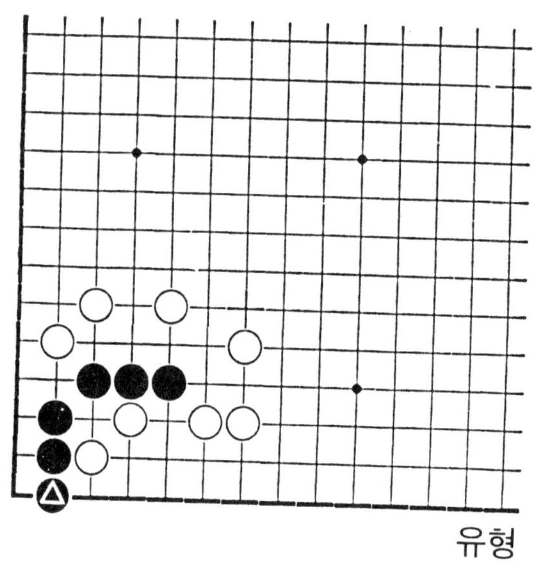



◇유형 혹선

이것도 앞의 형과 마찬가지로 ●의 돌이 제 1 선에 놓여져 있는 것이 특징이다.

아직 혹에는 구석에 한 눈밖에 없는데, 과연 살릴 수가 있을까?

3도(맥)

이것도 대어붙이기인지, 그렇지 않으면 끼워붙이기인지 확실치 않은 형이다. 혹1이 그것이다.

백의 △ 한 점은 잡혀 있다.

즉 이 말은 잘 생각해 보면, 상대의 백의 마늘모 형에 대하여 옆에서 ●의 내리기를 선수로 놓을 수 있게 되면 그때 새롭게 한 눈을 만들 수 있다는 것이다.

격언에 '제 1 선에 수 있다' 라는 것이 있는데, 이 내리

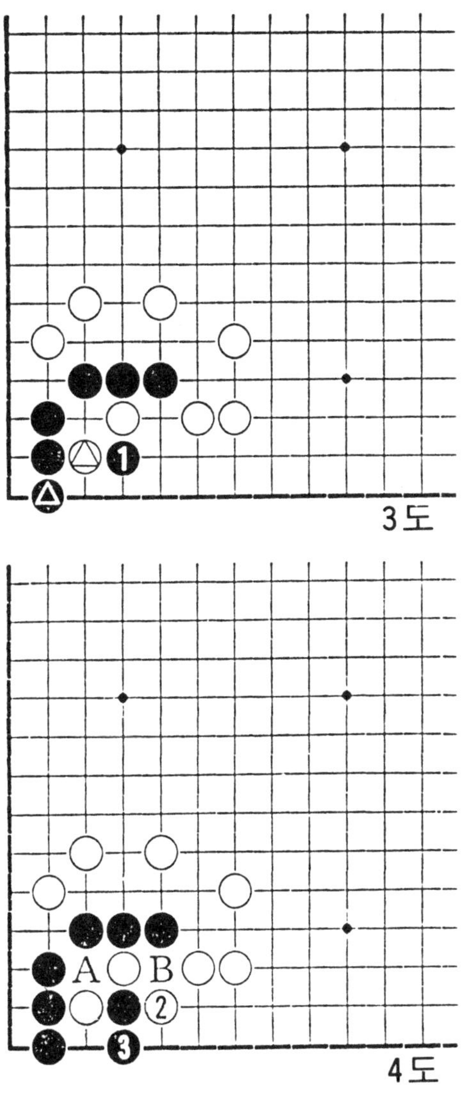

**3 도**

**4 도**

기(●)등도 그 예라고 할 수 있을 것이다.

**4도**(검토)

앞 그림에 이어, 만일 백 2로 단수한 다면 어떻게 될 것인가?

여기는 역시 흑3으로 내려가면 좋은 것이다. 백이 A로 이으면 흑 B로 잡히므로 백도 B로 잇는 정도이다. 그때 흑A로잡는다. 또 백2에서 백3으로 단수하면흑 2로 뻗어내면 좋다는 것은 명백하다.

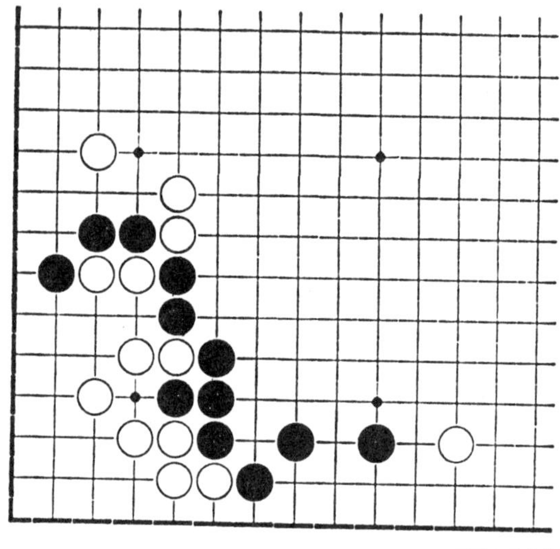

제12형

## 5. 대어붙이기의 맥

○제12형 흑선

이것은 맥으로써도 상당한 레벨의 것이다.

왼쪽의 백의 형을 공격하고 싶은데……

1도(주위의 관계에 주의)

흑1이 백의 형의 결함을 찌르는 급소에 해당한다.

이것으로 백의 요석 ◯ 두 점이 잡히므로 이상하다. 예를 들면, 백A로 단수해도 흑B 내리기로 도움이 되지 않는다. 또 백B라면 흑A로 쫓아 떨어뜨리게 된다.

이렇게 어려운 맥은, 우선 주위의 돌의 공배 조이기의 상태를 잘 보아 그 관계를 아는 것이 중요하다.

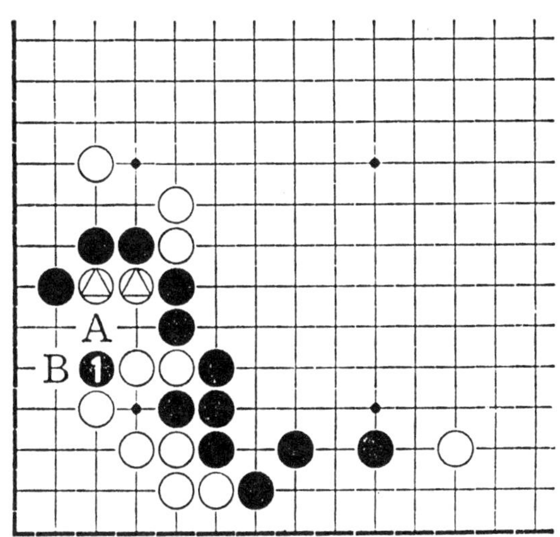

1 도

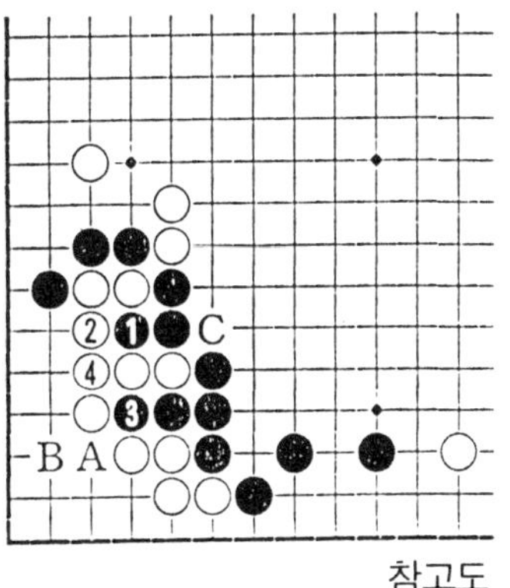

참고도

◫ 속수로는 수가 되지 않는다

**참고도** (백을 굳힐 뿐)

혹1로 내어 3으로 단 수해 봐도 별 수가 없다. 예를 들면, 백 **4** 다음 혹 A로 끊어도 백B로 그것 까지이다.

게다가 혹1로 놓았기 때문에 백부터의 C의 끊기도 한층 강력하다. 1도 혹1 의 맥의 위력을 다시금 알 수 있을 것이다.

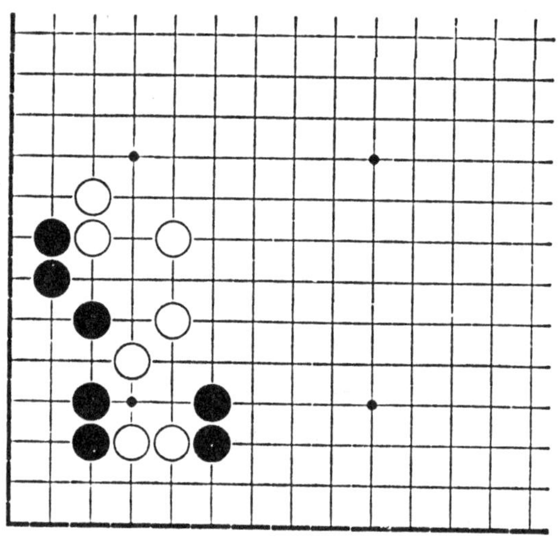

제13형

## 6. 대어넣기의 맥

○제13형 흑선

연락되고 있다고 생각되는 백돌에 결함이 있다.

이 결함을 찌르려면 어떻게 놓는 게 좋을까?

**1도**(맥)

흑1이 대어넣기의 맥으로, 이것으로 백은 분단된다.

만일 백A로 이으면 흑B로 내어끊는다. 또 흑1에 대하여 백C로 대어도 흑D로 이어지고, A와 B 두 곳에 결점이 남는 균형이다.

이런 상대 돌의 결함을 놓치지 않으면 거기에서 승부가 나는 것이다. 강한 사람의 돌이 잘 연결되어 있는 것은, 요컨대 결함이 없는 돌을 놓고 있기 때문인 것이다.

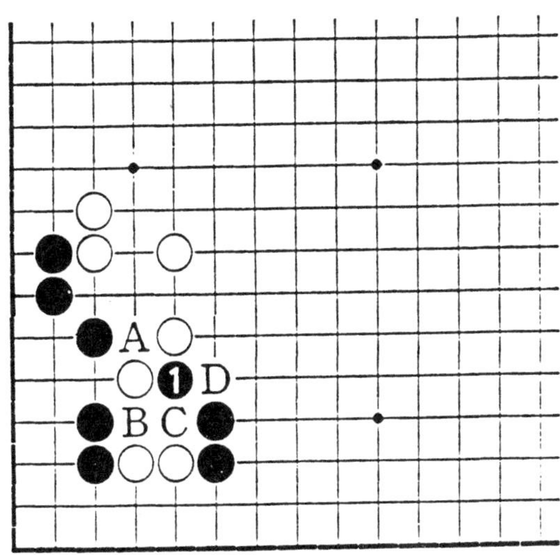

1도

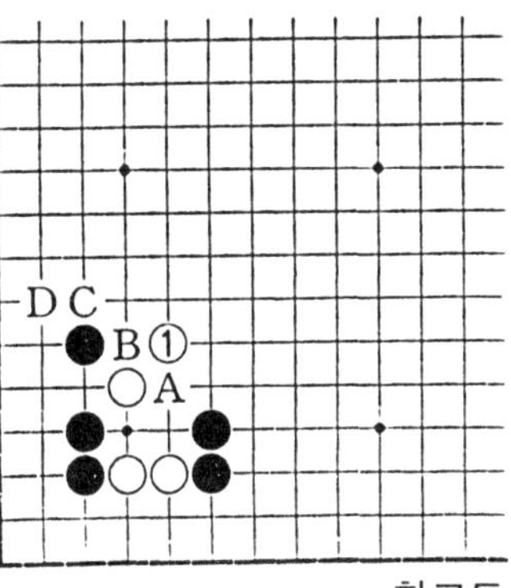

참고도

◇속맥에 주의

**참고도**(이맥의 예)

이와 같은 형에서, 대개 백1로 놓는 것은 이맥이다. 지금 곧 흑A로 절단하는 수는 백B로 왼쪽의 흑이 손상되어도, C나 D로 흑이 오면 곧 흑A의 대어넣기가 성립한다.

따라서 백1에서는 백A로 늘어놓는 것이 바른 맥이 된다.

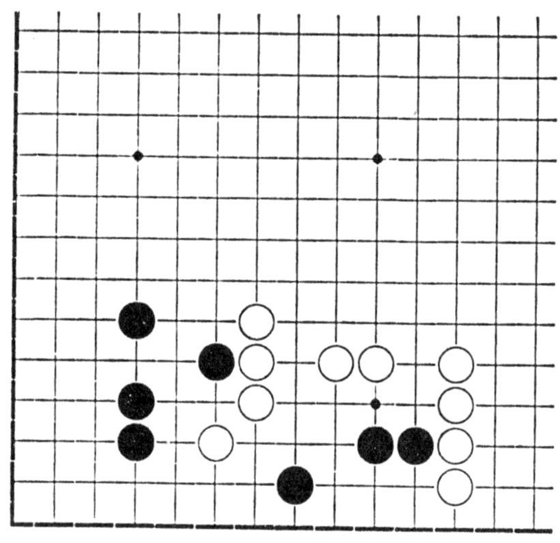

제14형

○**제 14 형 혹선**

백에 포위된 오른쪽 혹 세 점을 구출할 수가  있을까?
다음 그림을 보기 전에 생각해 보시오.

**1 도**(맥)

우선 혹1의 붙이기로 놓는 것이 정해이다(혹1에서 3
으로 가는 것은 참고도에서 서술한다).

만일 백2로 젖히면 그때 혹3으로 대어넣는 것이다. A
와 B의 끊기가 균형이 된다.

**대어붙이기와 대어넣기**

상대의 마늘모 관계에 있는 돌의 배에 갑자기 딱 붙이는
것이 대어붙이기이다.

또 그 마늘모 돌에 대해 옆에 있는 자군의 돌에서 붙이
는 것을 대어넣기라고 부른다.

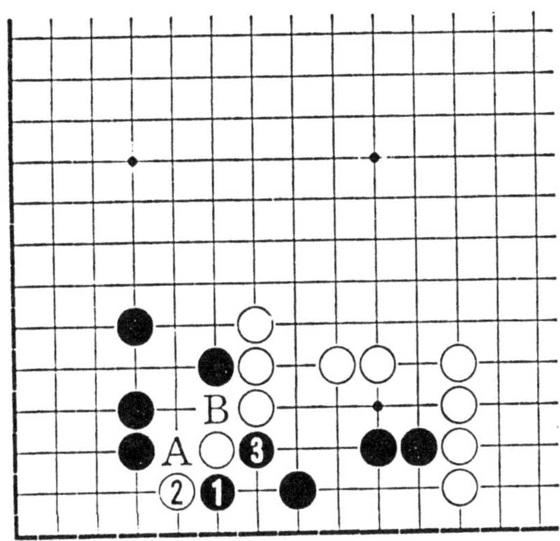

1도

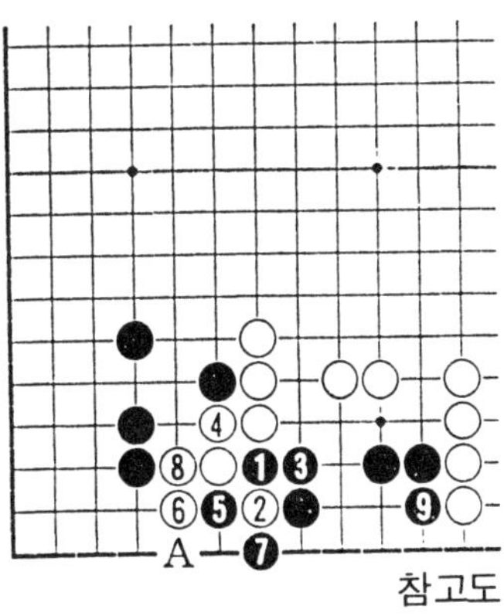

참고도

◎수순이 다른 것에
주의

**참고도**(연락에 실패)

혹1의 대어넣기로 놓으면 백2의 단수를 먹는다. 혹3 이하 혹9까지로 변화하는데, 이것은 혹이 산다고 하더라도 백에서의 A 내리기도 이용할 수 있고, 왼쪽 혹 땅에 영향을 줄 수 있으므로, 1도와는 큰 차이가 있다. 수순을 틀리지 않도록 주의한다.

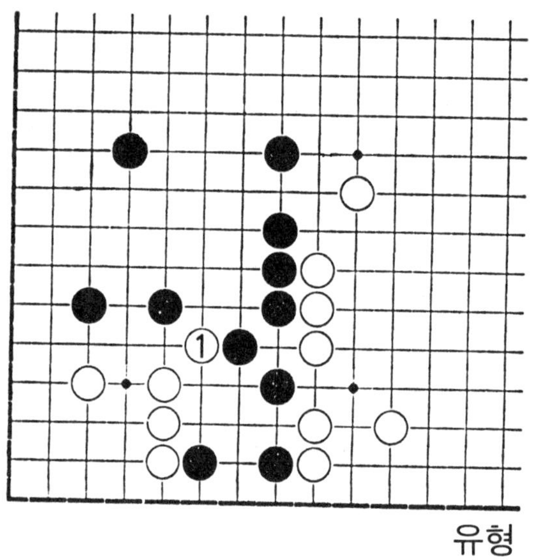

유형

◇**유형 흑선**

이 문제는 대어넣기의 응수라고 하는 까다로운 것이다.

백1의 마늘모 붙이기에 대해 혹은 어떻게 응수해야 할 것인지 생각해 보시오.

**2도**(맥)

흑1로 대어넣기를 놓는 것이 바른 놓기이다.

이렇게 놓으면 백도 A로 잇는 정도인데, 그때 흑B로 누르면 좋은 것이다.

또한 흑1에 대해 백C로 댈 지도 모르는데, 그러면 흑 D로 이으면 좋다는 것을 덧붙여 둔다.

그러면 어째서 흑1로 대어넣기를 놓는 것이 바른 놓기일까?

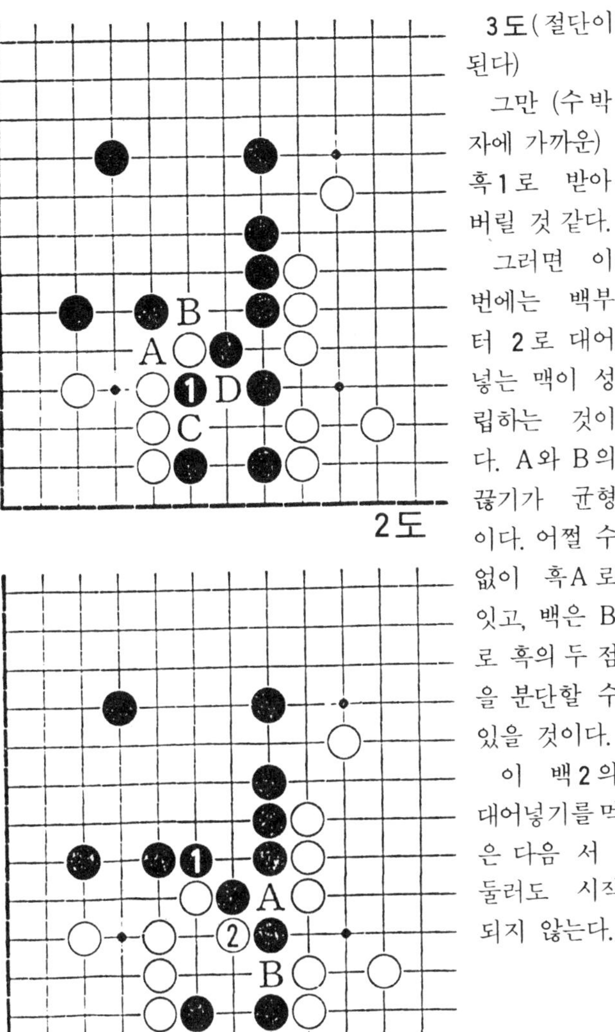





**3도**(절단이 된다)

그만 (수박 자에 가까운) 흑1로 받아 버릴 것 같다.

그러면 이 번에는 백부 터 2로 대어 넣는 맥이 성 립하는 것이 다. A와 B의 끊기가 균형 이다. 어쩔 수 없이 흑A로 잇고, 백은 B 로 흑의 두 점 을 분단할 수 있을 것이다.

이 백2의 대어넣기를 먹 은 다음 서 둘러도 시작 되지 않는다.

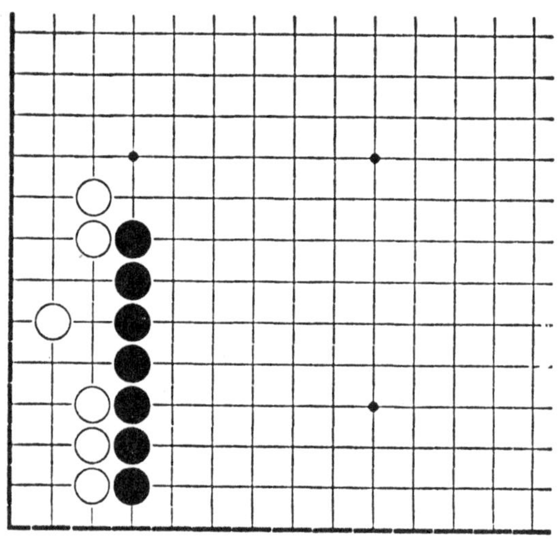

제15형

## 7. 날일자에 건너붙이는 맥

○제15형 흑선

상대의 날일자 돌에 대해서는 건너붙이기를 겨냥하는 것
이 바르게 놓는 방법이라는 것을 잘 명심해 둔다.

물론, 때로는 붙여내어 가는 편이 좋은 경우도 있다.

1도(맥)

날일자의 건너붙이기라는 것은 이 흑1의 수인 것이다.
백의 날일자에 대해 건너붙인다는 것에서 이 건너붙이기
라는 이름이 생겼다고 생각된다.

이어서 백A로 차단되면, 이번에는 흑B로 끼워붙여(이
것도 건너붙이기 관계에 있다), 상하의 백을 분단할 수 있
다.

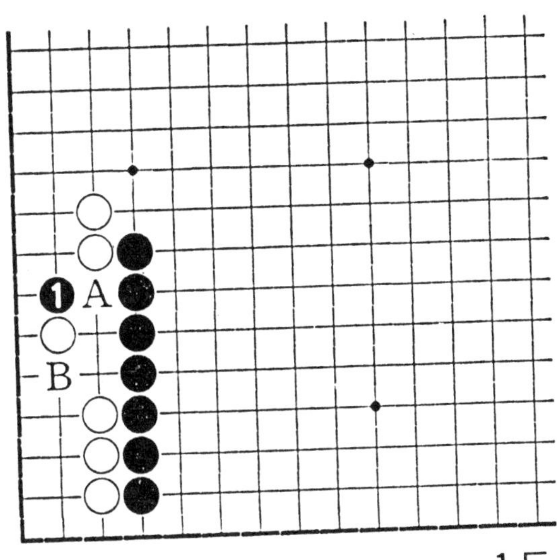

1 도

◇속수의 대표적인 예
**참고도** (수를 없앤다)

자주 흑1·3으로 결
정하는 사람을 볼 수 있
다. 이것은 '날일자의 붙
여내기'라고 불리우는악
수의 대표적인 예이다.
애써 수가 되려는 때에
수를 없애버리기 때문에

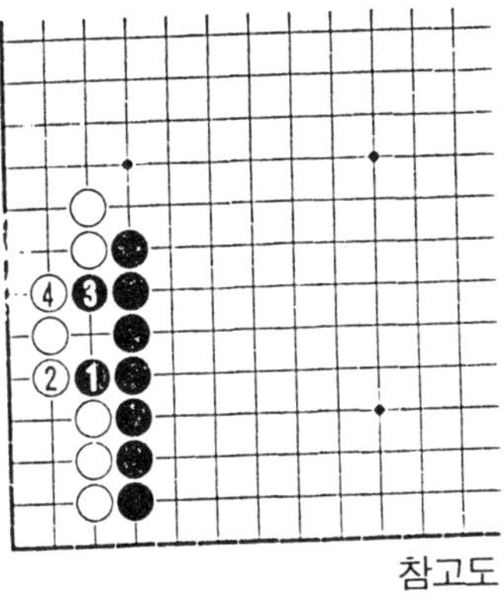

참고도

좋다고 할 수 없는 것이다. 초보자는 선수로 백의 땅을 줄
일 생각을 하는데, 이것만은 놓지 않도록 한다.

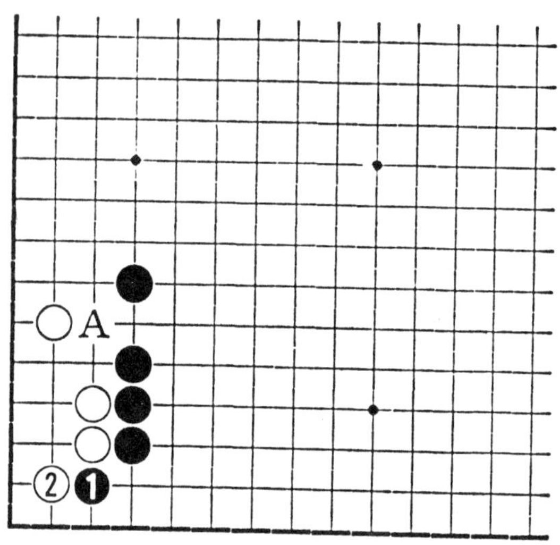

제16형

## ○제16형 흑선

혹1로 젖혀 백의 응수에 답하고, 거기에서 한가지 일을 하려는 것이다.

백도 달리 놓을 곳이 없어(만일 백A라면 흑2로 뻗어 낸다), 2로 대응한다.

그때 흑의 좋은 수가 있는데, 어떻게 놓는 맥일까?

1도(맥)

혹1의 건너붙이기 맥이다. 새삼스럽게 백A로 뻗을 수 도 없다. 흑B로 이어져 무너질 형이다.

2도(막아넣다)

백2로 이 한 수이다.

혹은 그때 3으로 끊는다. 백은 4로 안는 수로, 백5로

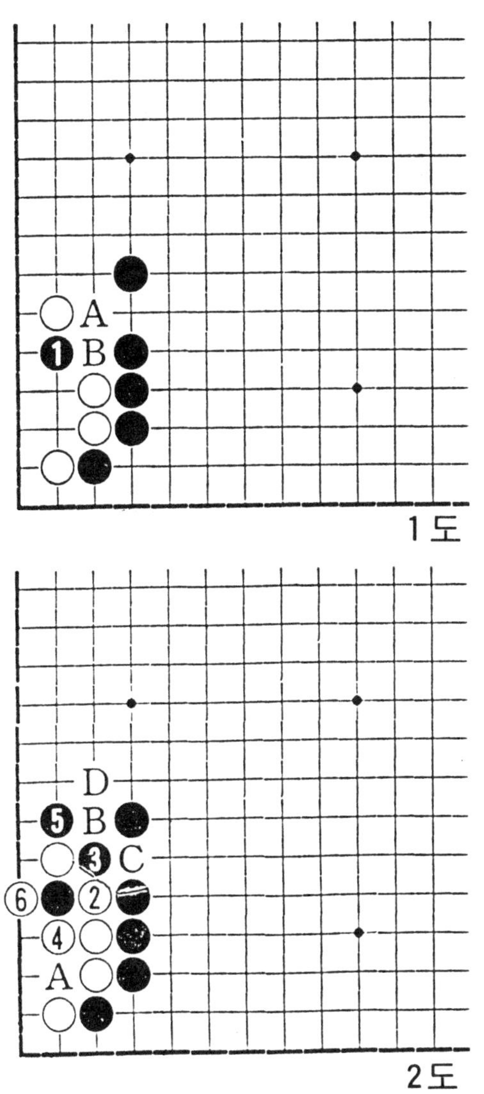

1 도

2 도

뻗어내고 싶지만, 흑A로 놓여 세 점이 잡혀버린다.

혹5, 백6이 되어 일단락인데, 흑은 선수로 딱 막아넣는 것이 되어, 여기에서의 충돌은 대 성공이었다.

또 백4에서 백B로 단수하는 사람도 있을 것인데, 흑C로 이어져 역시 백4에 수를 되돌리지 않으면 안된다. 그리고 흑5, 백6이 되면 혹은 이번에는 D로 한 점을 빼게 될 것이다.

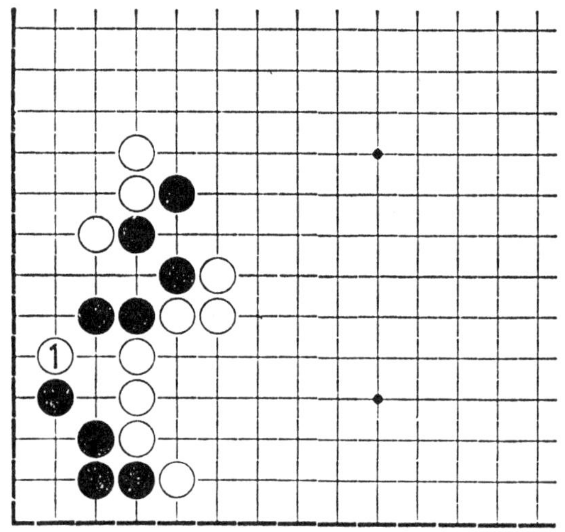

제17형

○제17형 흑선

격언에 '날일자의 건너뛰기는 끊어서는 안된다'라는 말
이 있다.

상대가 만일 건너뛰기로 나오면 끊어서는 안된다——
라는 것을 시사하고 있는 것이다. 무슨 말인지 구체적인
예로 설명하겠다.

백1이 건너붙이기이다. 흑은 어떻게 대응하면 좋을지
생각해 보자.

1도(맥)

흑1이 정해이다. 즉 이 흑1이 건너붙이기에 대해 끊
지 않는 응수이다.

이것이라면 백의 건너붙이기의 겨냥을 훌륭하게 막을 수
있다.

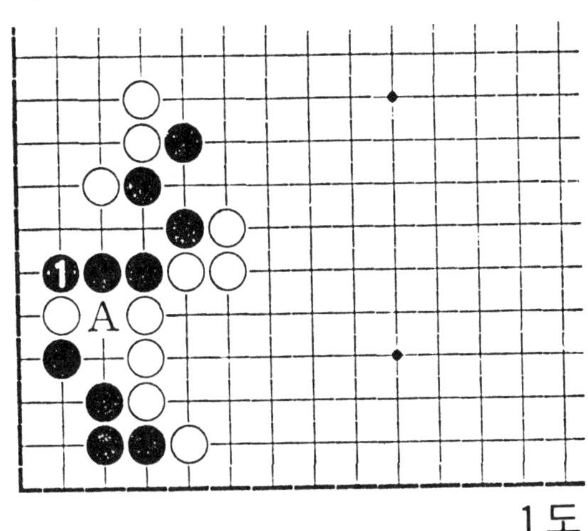

1도

또 흑1에 흑A로 차단하면 그것은 건너붙이기를 끊는 것이 되어 위의 격언에 반대되는 것이다.

그러나 건너붙여지면 언제나 끊어서는 안된다 하는 의미는 아니다.

◇건너 붙이기에 대한 주의 부족

**참고도**(지리멸렬(支離滅裂))

혹1로 건너 붙이기를 차단해 보자. 백2로 끼워 넣었다. 혹3에서 4로 한 점을 안고 있으면 무난하지만, 백A로 끊고

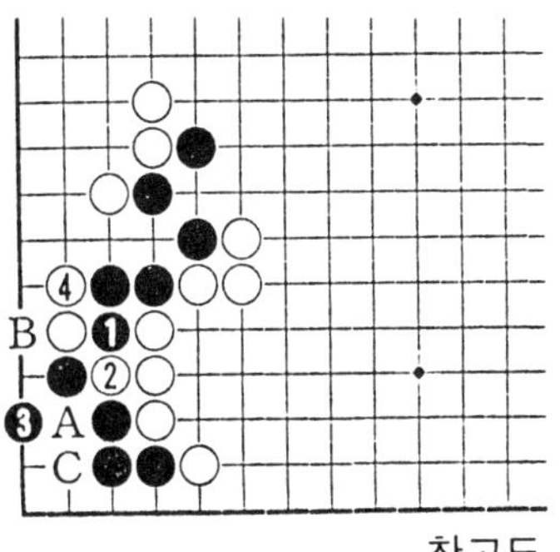

참고도

혹B, 백C로 세 점을 잡힌다. 만일 혹이 세 점을 아까워하여 3으로 걸쳐 이으면, 백4로 뻗쳐 곤란하다. 아래의 혹도 완전히 살아 있지 않고 윗쪽의 혹도 붕 떠버린다.

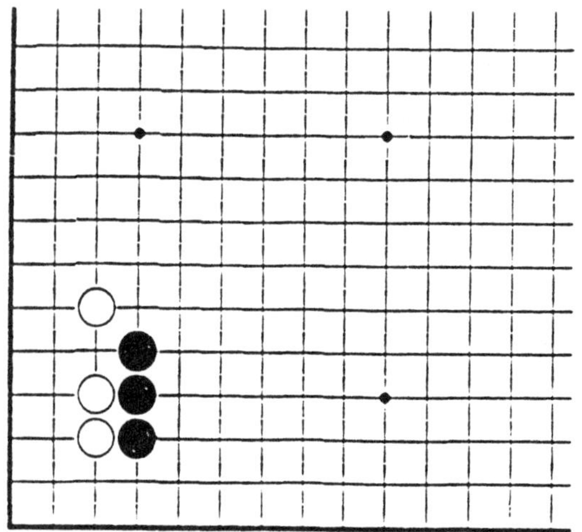

제18형

## 8. 내끊기의 맥

○제18형 흑선

초보자는 상대의 돌을 잡는 것을 좋아하는데 비해 내끊어 잡기는 하지 않는다. 내끊으면 한 점을 잡히는 것이 싫은 것인가?

그러나 이런 형이 나오면, 곧 내끊기를 감행해야 한다.

1도(맥)

흑1로 내는 것은 누구라도 놓을 수 있지만, 그때 흑3에서 끊으면 좋은지, 그렇지 않으면 흑A에서 끊어야 하는지 헛갈릴 것이다.

이 어느쪽에서 끊는 것이 맥인지를 읽을 수 있는 것이 포인트이다. 잘못하여 반대쪽을 끊으면 오히려 손해를 보게 되는 것이다.

결론부터 말하자면, 이 형의 경우 혹3의 끊기가 바른 것이다. 그 이유는 **참고도**에서 서술한다.

혹3에 이어서——

**2도**(끊은 쪽을 잡는다)

'끊은 쪽을 잡아라' 라는 격언을 알고 있는지?

혹이 끊은 쪽, 즉 백4로 안는 것이 대부분의 경우 바르다는 것이다.

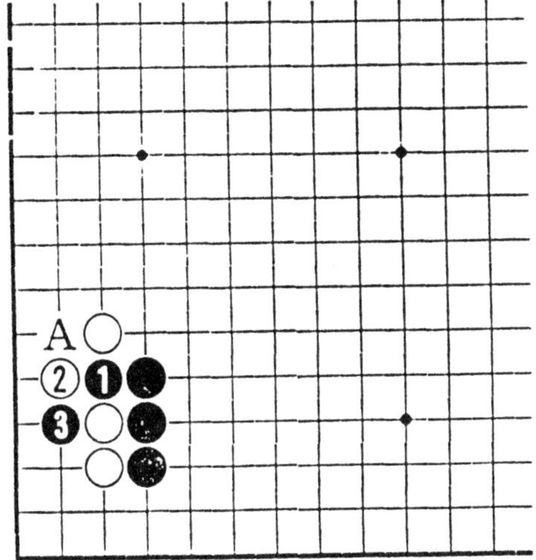


1 도

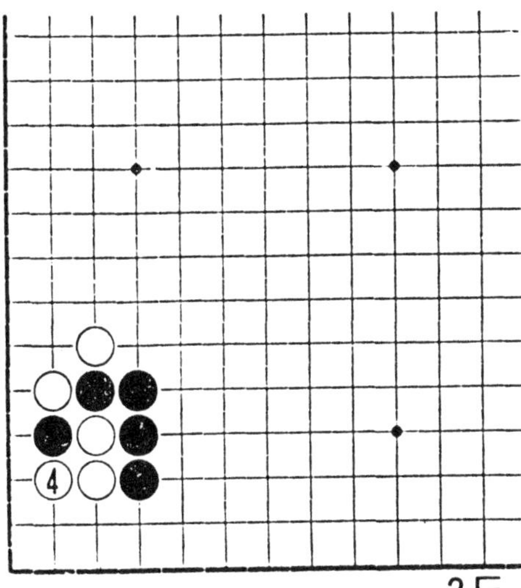

2 도

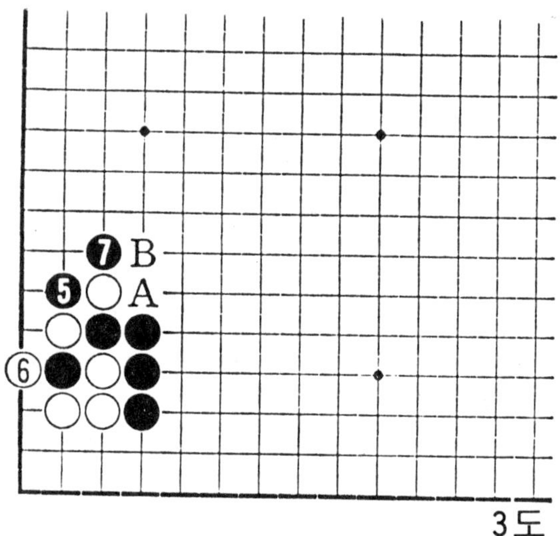

3도

**3도**(일단락)

앞 그림에 이어서 흑5로 끊고 7로 축에 안는다.

이렇게 되면 흑의 대성공이다. 다만 축 관계가 나쁜 경우는 유보하지 않으면 안된다. 백A로 도망치면 상하로 나뉘어 흑이 처리하기가 곤란하기 때문이다 (이런 경우는 흑 7에서 흑B로 걸치는 수도 있다).

**4도**(검토)

그러면 어째서 끊은 쪽을 잡는 것이 상식으로 되어 있는 것일까?

흑3의 끊기에 이어, 이 그림 백1로 이었다고 하자. 흑은 당연히 2로 두 점을 안을 것이다.

백으로써는 1로 이은 세 점을 어떻게 하지 않으면 안된다. 이 세 점은 아직 눈모양도 분명하지 않고 방치해 둘 수도 없는 것이다.

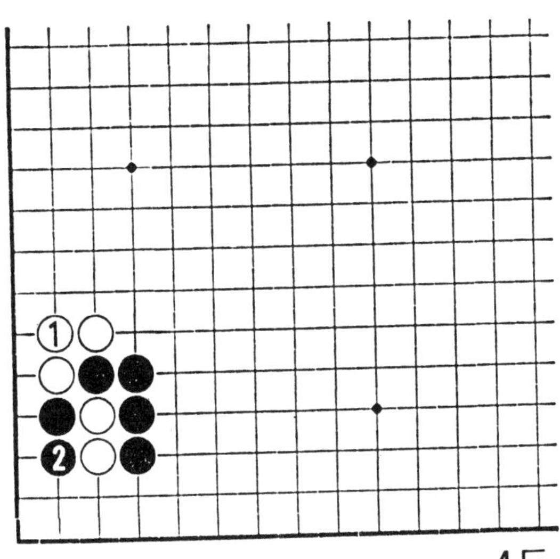

4도

이것은 끊은 쪽을 잡
지 않은 벌이다.

⊠역을 끊은 죄

**참고도**(백의 호형)

그러면 어째서 이 흑
1에서 끊지 않은 것일
까? 백은 끊은 쪽, 즉 2
로 안았다. 이번에는 흑
3·5가 되어도 **4도**와
달리 위의 백은 눈모양
이 풍부하다. 게다가 백

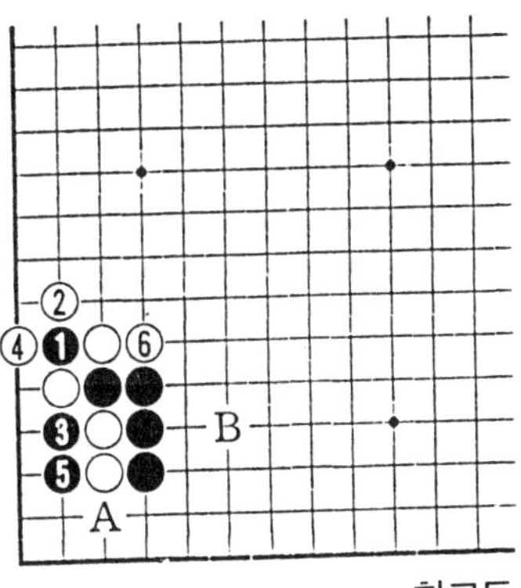

참고도

6으로 놓는 것에 의해 장래 A의 물려내기의 겨냥을 갖게
된다(다음에 백B가 급소가 된다).

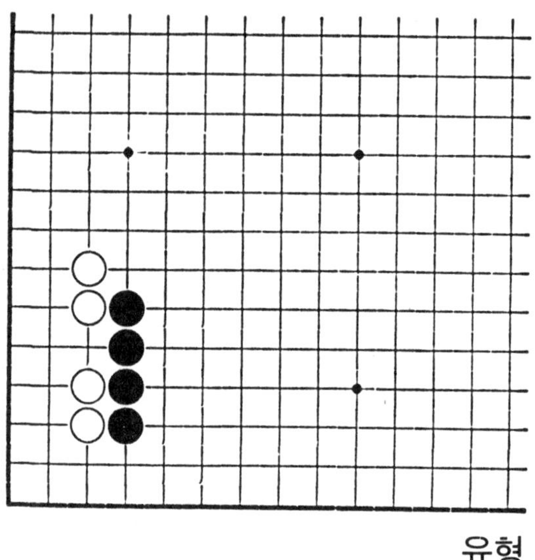

유형

### ◇유형 흑선

앞의 형과 비슷하지만 흑백 각각 한 점씩 늘어 있다. 이렇게 되면 흑의 놓기도 달라져 간다.

흑을 어떻게 결정할 것인가, 일단락까지 생각해 보자.

**5도**(끊는 방향)

흑1로 내고 이번에는 **3**으로 끊는 것이 바른 놓기이다.

그것을 반대로 A에서 끊으면 백에게 B로 안긴다. 이번에는 흑**3**으로 끊어도 앞의 그림과 같이 축에 안기지는 않는다.

그렇다면 반대인 흑**3**에서 끊고, 만일 백이 C로 안으면 흑A, 백D, 흑B로 두 점을 안는 편이 득이다.

이상 흑**3**에서 끊는 이유이다.

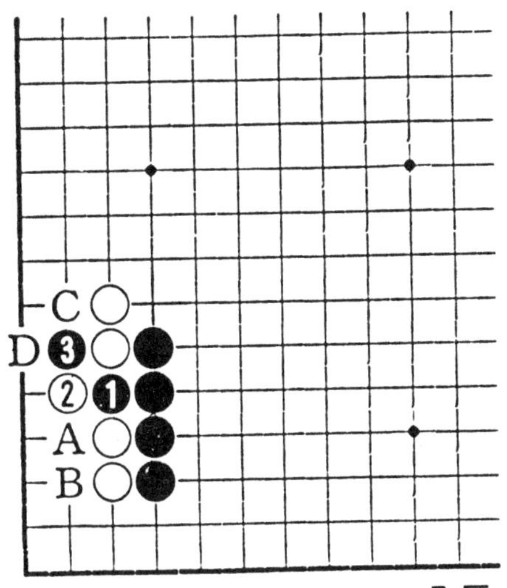

5 도

6도(천구(天狗)의 코 붙이기)

앞 그림에 이어서 백도 **4**로 잇는 것 외에 다른 방법이 없다.

본래라면 '끊은 쪽을 잡아라' 라고 하는 것으로 백 A로 안고 싶겠지만, 흑**4**로 끊겨 아래의 두 점이 잡혀버린다( 백 A로 잡는 형이 앞 페이지 **참고도** 백**4**로 빼는 형 보다도 한 수 여분있게 사용한 것이 되는 것도, 이 그림 백 A로 안기 어려운 이유이다).

여기에서 흑**5**의 '천구의 코 붙이기' 의 맥이 생긴다.

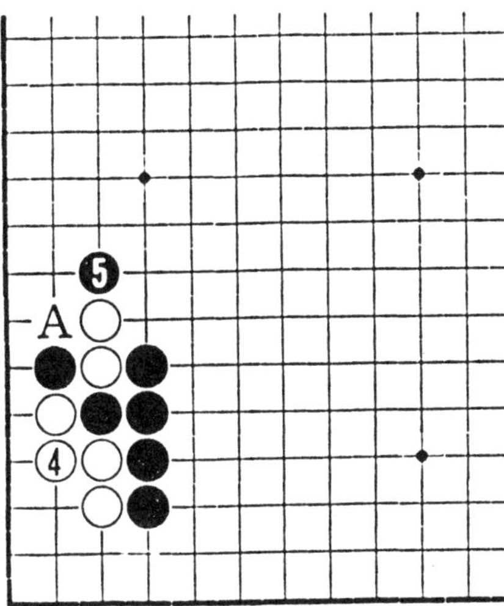

6 도

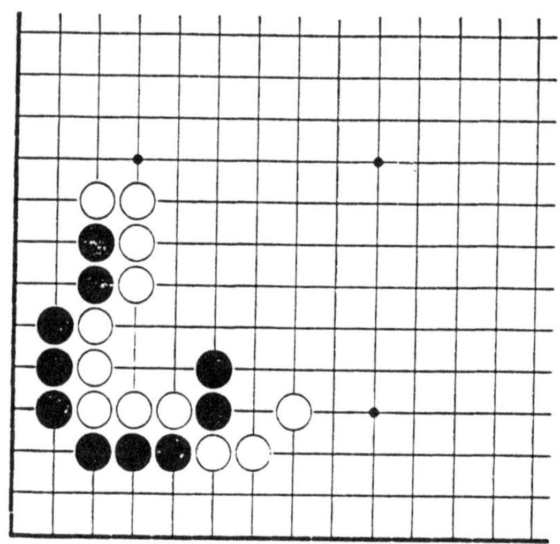

제19형

## 9. 쳐들어가는 맥

○제19형 흑선

공배 막힘은 맥을 유발한다. 그러므로 자군의 돌이 공배 막힘이 되지 않도록 주의하여 놓는 것이 중요하다.

또 바꾸어 말하자면, 상대의 돌을 공배 막힘으로 가져가도록 놓는 것이 유력하다는 뜻이다.

흑의 수단을 생각해 보자.

1도(맥)

이 문제가 이렇게 제출되면 거의 대부분의 사람이 이해할 수 있을 것이다.

흑1의 쳐들어가기에서 가는 것이 좋은 맥이다.

그런데 실전에서는 이런 형이 되어도 눈치채지 못하는

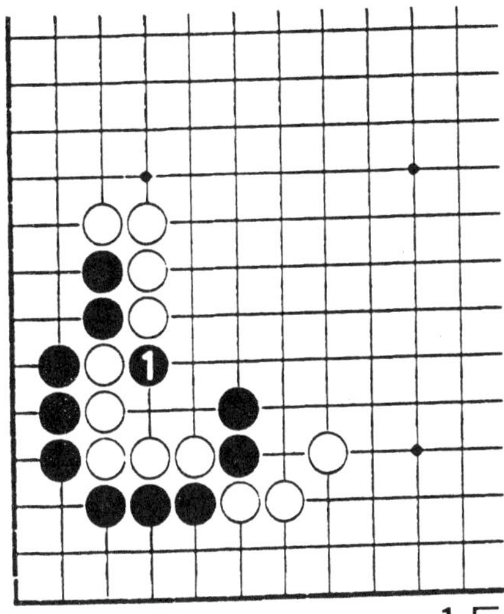

1 도

2 도

사람이 많은 것이다. 흑쪽으로써는 눈치채고 못채고가 문제가 아니고 자신이 이런 형으로 백을 추격해가는 것이 전술적으로 필요한　것이다.

그를 위해서는 형을 보는 순간 이 맥을 떠올릴 수 있도록 이 형을 머릿속에 잘 넣어두어야 하는 것이다. 이어서——

2 도 (되놓기)

백 2 단수해도 흑 3 으로 간단하게 되놓는다. 이것은 이미 알 수 있을 것이다.

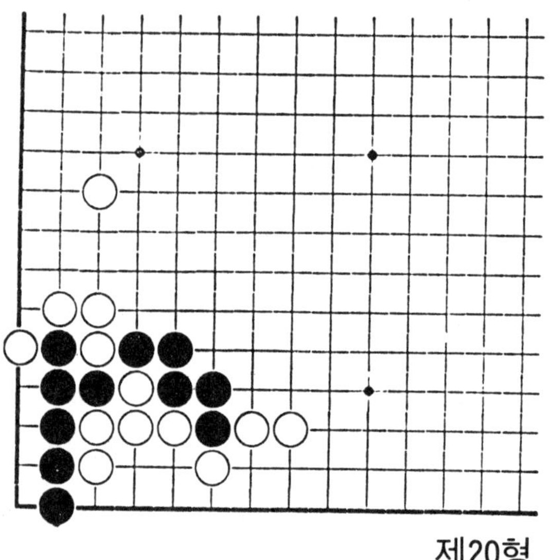

제20형

○**제 20 형 흑선**

앞 형과 비슷한 맥이지만 초반의 끝이라는 것에서 결과 적으로 다른 현상이 된다.

테마를 이해하기 쉽게 하기 위하여 흑의 사활 문제에 관련시켜 놓았다. 흑은 살 수가 있을까?

**1 도**(맥)

역시 흑1의 쳐들어가기가 산뜻한 맥이 된다.

백으로써는 2로 단수하는 길 외에는 없다(백2에서 A 로 단수하는 수도 있지만 결과는 같다).

흑3 (흑B도 좋다)으로 놓으면 뒤는 알 수 있을 것이다. 백A로 취해도 흑B로 단수가 되고, 백은 1에 잇지 않는 다. 흑에 C로 잡히기 때문이다.

즉 쫓아떨어뜨리기가 되는 것이다.

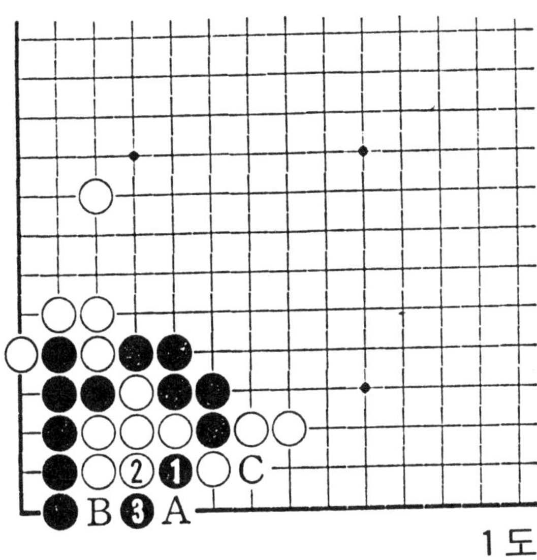

1도

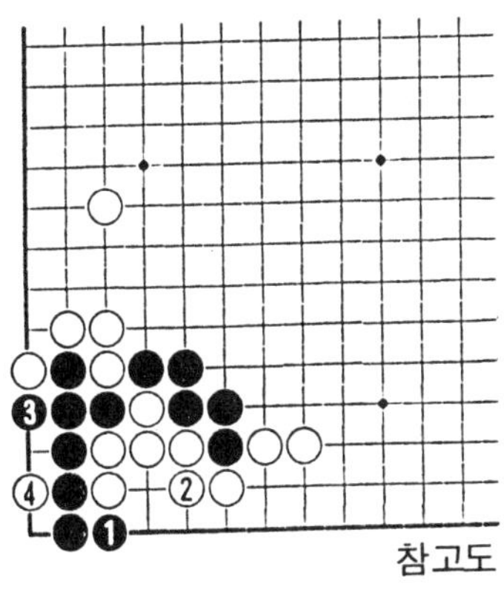

참고도

◌ 속수에 주의

**참고도**(활기가 없다)

초보자라면 흑1 내어 백2의 끊기를 겨냥한다. 그러나 백도 그 정도는 알고 있을 것이므로 백2로 이어 버릴 것이다. 그러면 흑은 살릴 수 있는 것도 살릴 수 없게 되어버린다.

지금 흑1·3으로 가져가는 맥을 다시 보기 바란다.

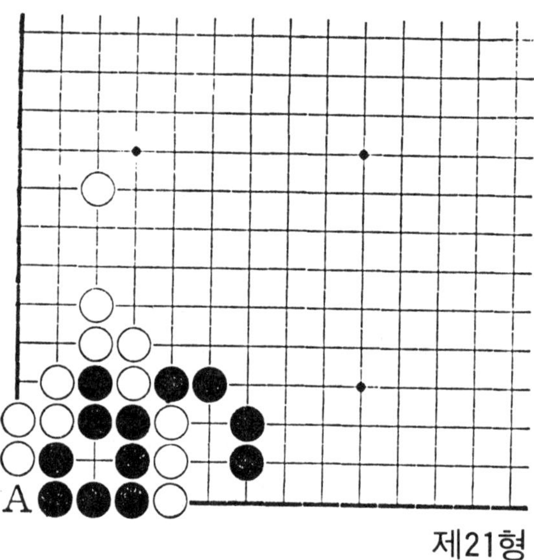

제21형

○제21형 흑선

이 형은 서로 공격하는 것이다.

다음에 백이 A로 끼워넣으면 단수가 되어 흑은 잡힌다. 어떻게 해서든지 흑으로써는 이 싸움에서 이기고 싶은데, 좋은 수는 없을까?

1도(맥)

있었다. 흑1의 쳐들어가기가 그것이다.

백은 곧 A로 끼워넣을 수 없게 되었다. 그래서——

2도(역전)

어쩔 수 없이 백2로 안게 되었는데 흑은 이번에는 천천히 3으로 공배를 메꿔 한 수 승이다.

백은 아직 A로 끼워넣을 수 없기 때문에 일단 B로 취하는데, 그 때에 흑C로 단수를 해 역전한다.

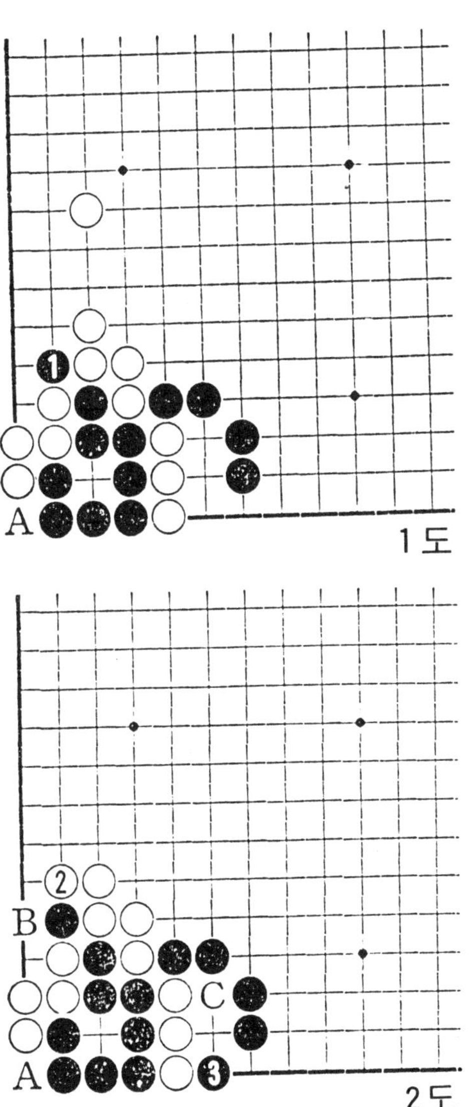



## 공배의 계산

서로 싸우기에서 이기는가 지는가는 공배의 수의 다소에 달려 있다.

서로 싸우기 전에 그 공배의 수를 셀 수 있어야 하지만, 그것이 어려우면 서로 싸우게 된 다음에라도 계산 연습을 하도록 한다. 그런 노력이 거듭될 때 바둑이 강해지게 되는 것이다.

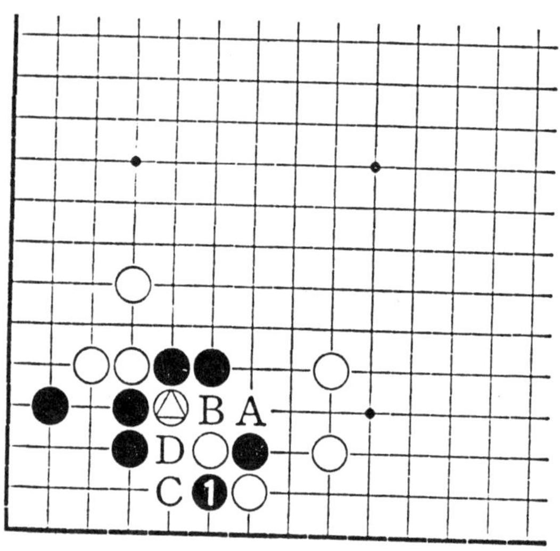



**제22형**

○제22형 흑선

이 그림은 보아서 알 수 있듯이 구석의 흑도 죽은 것은 아니다. 그러나 위의 세 점은 뿔뿔이 흩어져 상당히 약한 돌이 되어 있다. 따라서 가능하면 양쪽의 돌을 연결하고 싶은데, 무슨 좋은 수는 없을까?

**1도**(맥)

흑1의 쳐들어가기가 좋은 맥이다. 이것으로 양쪽의 흑돌이 연결되기 때문에 맥이라는 것은 재미있는 것이다.

다음에 백A라면 흑B이고, 또 백C라면 흑D, 아뭏든 ⬡의 한 점은 잡힌다.

잘 이해가 가지 않는 사람은 돌을 바둑판에 늘어놓고 확인해 보기 바란다. 그러나 이런 형을 눈으로 확인할 수 있는 훈련도 필요하다.

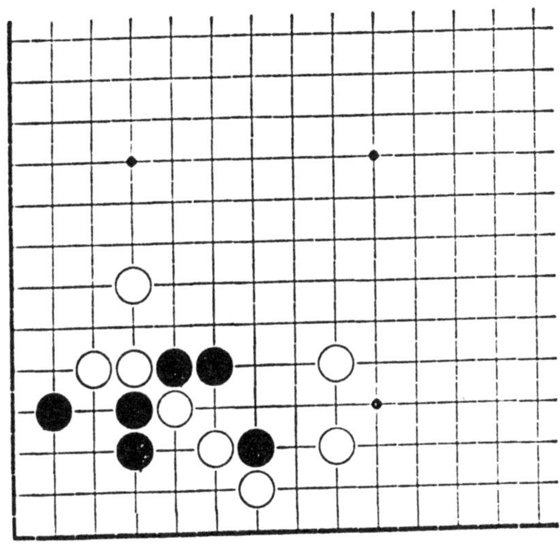

1 도

혹1의 쳐들어가기로 △가 잡히는지 어떤지는 본인의
눈으로 쫓아주기 바란다.

◇ 속수에 주의

**참고도**(수가 되지 않
는다)

보통 혹1로 단수하는
것으로는 백돌을 잡을 수
없다. 백2로 이어져 다
음에 혹A라면 백B이고,
혹B로 단수하면 백A로
이어 버린다.

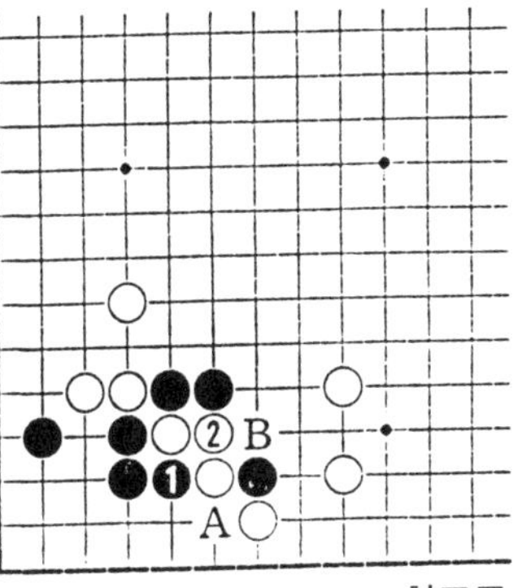

참고도

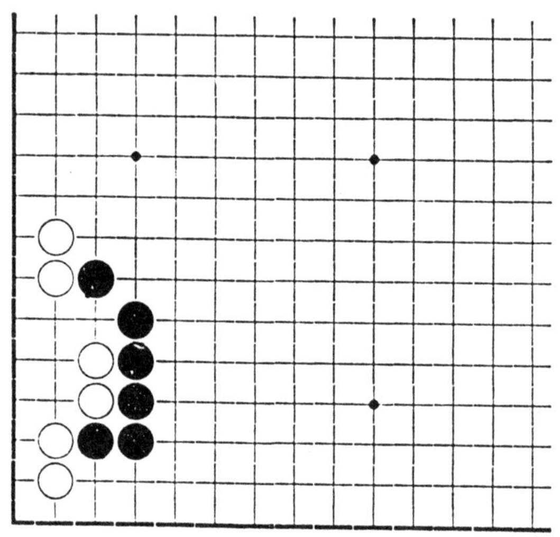

제23형

## 10. 젖혀내기의 맥

○제 23 형 흑선

이 형도 자주 나온다. 백의 형에 결함이 있는 것인데, 흑은 그것을 멋지게 공격하였으면 한다.

1도(맥)

흑 1 로 젖혀내는 것이 맥이다.

이것은 공배 막힘으로 백 A 로 끼워넣을 수 없는 형이다. 백 A 로 끼워넣으면 흑에 B 로 잡혀버린다.

그리고 백이 만일——

2도(상하로 분단된다)

2 로 끼워넣어 가면 어떻게 될 것인가?

이어서 흑 3 으로 젖히는 것이 맥이 된다. 이 3 의 점이

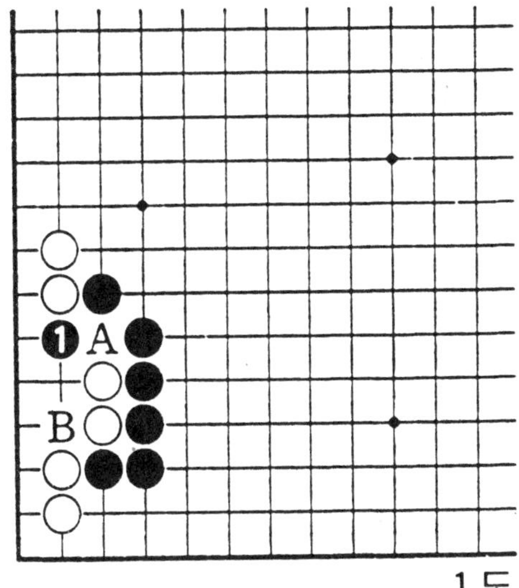

1 도

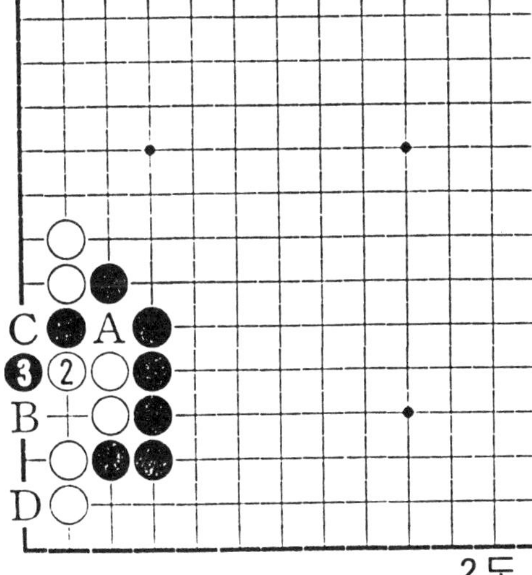

2 도

백의 악형을 찌르는 급소에 해당한다. 그 때문에 백은 더욱 A로 끼워넣을 수가 없다.

백B로 단수를 걸어도 흑에 C로 이어져, 백A로 끼워넣을 수가 없는 것이다.

이 다음 백D로 놓으면 구석의 백이 죽는 일은 없다. 그러나 문제는 사활이 달렸을 뿐 아니라, 1도 흑1의 맥에 의해 상하의 백이 분단되는 일이 있는 것이다. 그것은 백의 형의 결함에 문제.

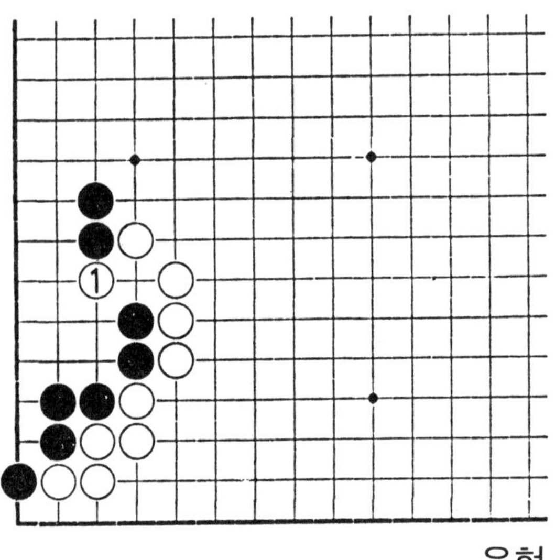

유형

◇유형 흑선

앞의 형과 닮아 좋지 않은 형이 이것이다.

백이 1로 젖혀내는 것인데, 흑은 이 곤란을 어떻게든 벗어나야 한다——하는 문제이다.

3도(맥)

우선 결과를 나타내자면, 이 흑1이 맥으로 급소가 된다.

백이 강인하게 A로 내면 흑B로 끊어버리려고 하는 것이다. 흑1은 그때 '세 점의 한가운데'의 급소에 해당한다.

백도 B로 잇는 정도이고, 그리고 흑A로 무사히 연락할 수가 있다.

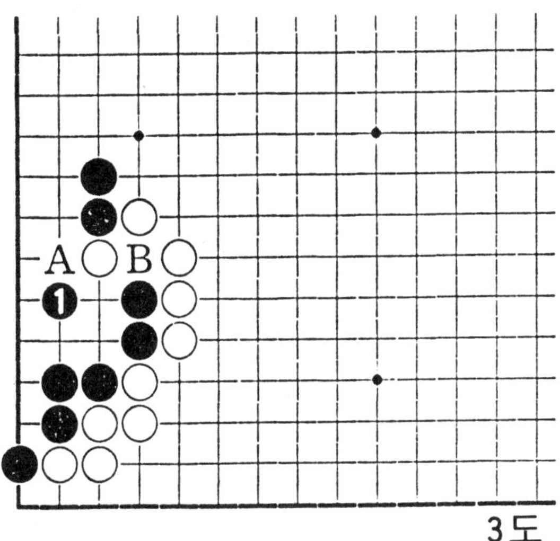

3도

## 세 점의 한가운데

세 점의 중앙에서 한 칸 뛴 위치는 급소가 되는 경우가 많다. '세 점의 한가운데'라고 부르고 있다.

◇ 속맥에 주의

**참고도**(실패)

같은 받기라도 이 흑 1의 누르기는 안된다.

백 2의 젖히기가 형의 급소가 되어 상하의 연락에 실패했다. 다음에 흑A로 끊으면 백B로 이어 세 점이 단수가 되고,

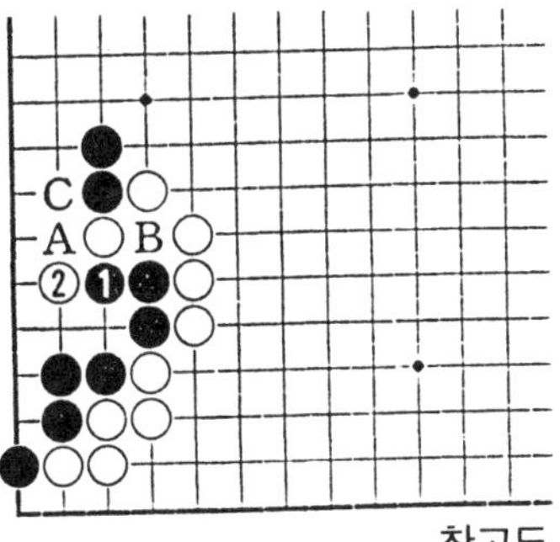

참고도

백C로 한 점을 안는 수도 남는다. 각자 확인하기 바란다.

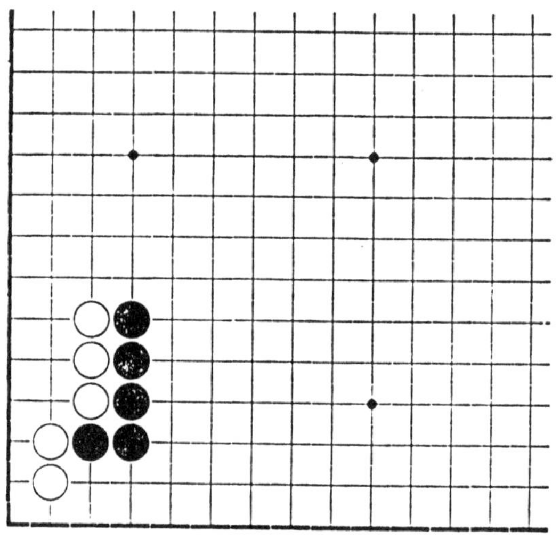

제24형

## 11. 강렬한 2단 젖히기의 맥

○제24형 흑선

상대를 작게 구석이나 주변으로 막아넣는 것은 필승법
의 한가지이다.

그 결과, 자군으로써는 중앙에 두꺼운 맛을 구축할 수 있
게 된다.

그 한가지 기본적인 놓기가 여기에 나타낸 2단 젖히기
맥이다.

1도(맥)

흑1의 젖히기는 당연한 것으로써, 백2로 받은 때 끊기
를 두려워 하지 않고 흑3으로 젖혀간다. 이것이 2단 젖
히기의 맥인 것이다.

초보자는 우선 백의 A 끊기가 두려워 좀처럼 이 2단 젖히기를 놓지 않는다. 그러나——

**2도**(축에 안는다)

백 4 로 끊어가도 흑 5 로 이으면 좋은 것이다.

백은 다음에 A로 한 점을 안고 싶지만, 그것은 흑에게 6 으로 끊겨, 백 B로 한 점을 빼었을 때 흑 C로 세 점이 잡혀버린다.

결국 백 6 으로 잇고, 흑 7 로 축에 안아 일단락이다. 이것은 흑의 성공이다. 또 도중에 백 4 에서 백 6 으로 이으면 흑도 4 로 잇는다.

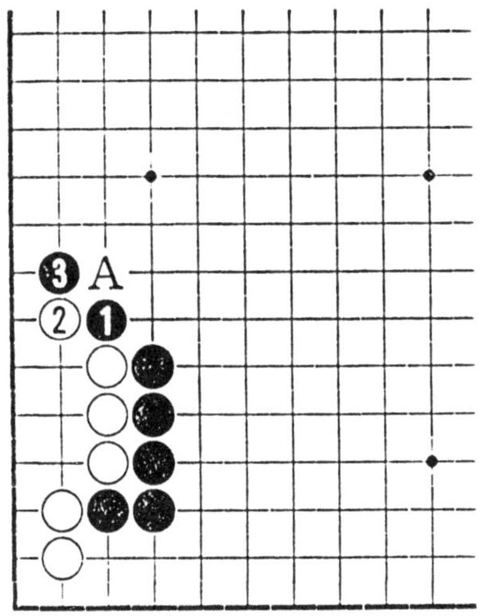

1 도

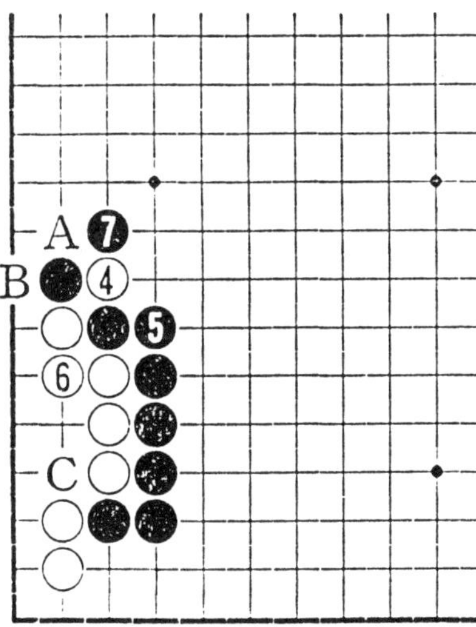

2 도

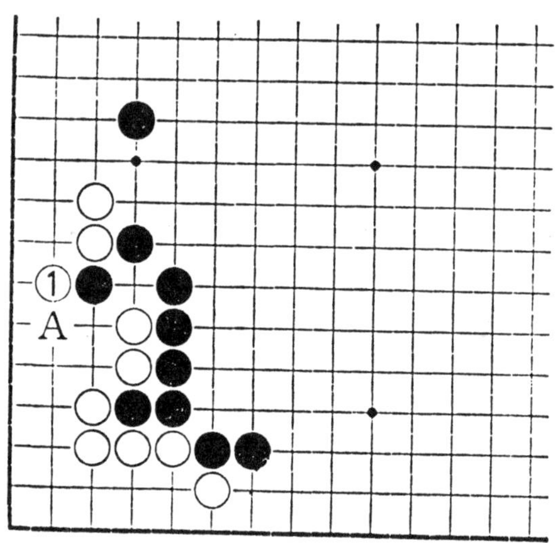

제25형

○제 25 형 혹선

이 그림은  앞 페이지 유형과 비슷하지만, 돌의  상황은 조금 달라져 있는 것 같다.

이 백 1 은 맥을 실수했다. 역시 백 A 로 놓아야 했다. 혹으로써는 찬스이다.

1 도 (맥)

'적의 급소는 자신의 급소'로 혹 1 의  2 단 젖히기가 강력한 맥이 된다.

여기에서 백 A 로 끊으면 혹 B 로 잇고 백의 세 점이 단수가 된다는 것은 알 것이다.  그렇다고 해서——

2 도 (되놓기)

백 2 로 끼워넣어 단수가 되면 이번에는 혹 3 으로  끊어

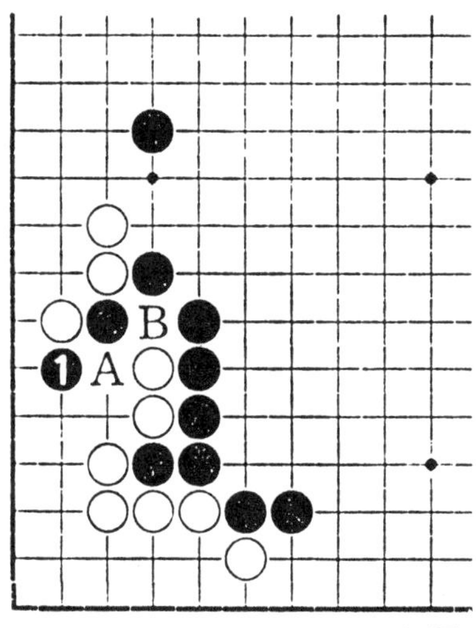

1도

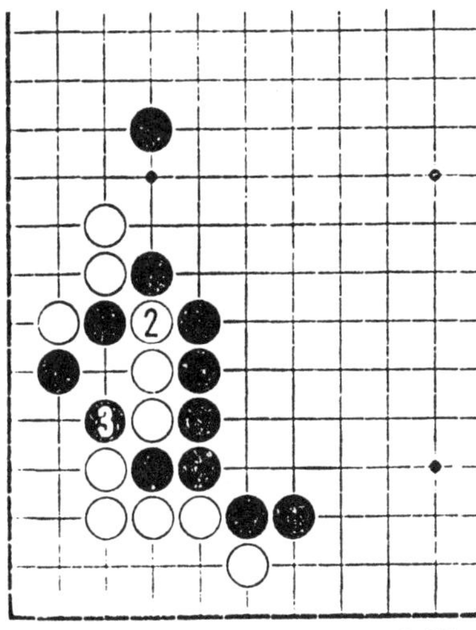

2도

되놓기가 되어버린다.

**적의 급소는 자신의 급소**

돌의 급소라는 것은 쌍방에게 있어서 같은 위치에 있는 경우가 적지 않다.

그러므로 어떻게 놓으면 좋을 지 알 수 없는 경우에는 상대가 어떻게 놓으면 곤란할까를 생각하는 편이 쉽다. 그것이 급소인 것이다.

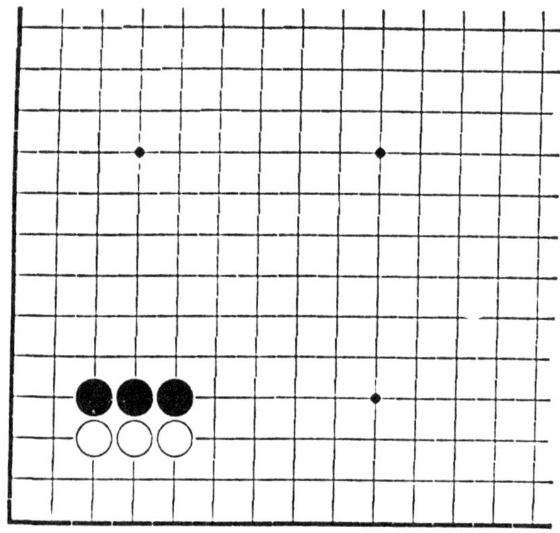

제26형

○제 26 형 백선

흑 세 점, 백 세 점이 사이좋게 나란히 놓여 있다.
이번에는 백의 차례이다. 어떻게 놓아가면 좋을까?

**1 도**(맥)

백 1 은 이미 몇 번인가 나온 젖히기로 다시 말할 필요도
없다. 힘있게 흑도 **2** 로 젖혀가는데, 백 **3** 으로 **2** 단으로
젖혀가는 것이 좀처럼 기분좋은 맥이 된다. 이때 흑부터
의 A 나 B 의 끊기를 두려워할 필요는 없다.

흑의 차례라면 흑 C 로 젖히기를 놓고, 백 D 로 교환한 다
음, 흑 A, 백 E, 흑 F 로 2 단 젖히기를 놓아가는 것이 강력
한 놓기이다.

또 이 백 **3** 에 이어 어떻게 결정할 것인가를 나타내어두

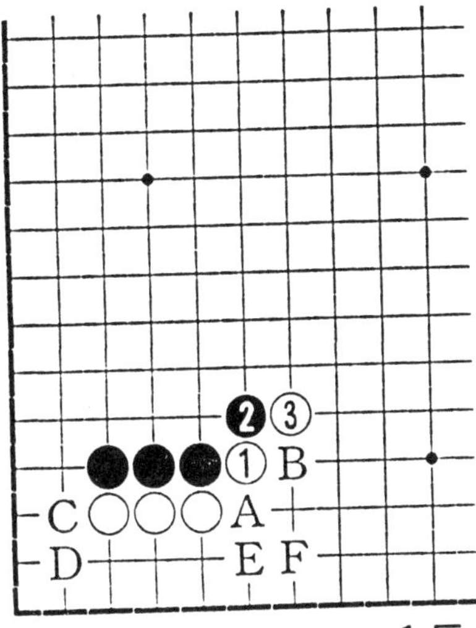

1 도

2 도

겠다.

2도(형 정하는 방법)

흑4로 단수, 그리고 흑6으로 뻗는다.

백도 7로 안은 이하 백9까지로 정하는 것이다.

또 흑4의 끊기를 놓지 않고 단순히 흑6으로 뻗은 경우에는 백은 잠자코 4의 점에 잇고 있다.

상황에 따라서는 백7에서 백8로 밀든가, 또는 백9로 뻗는 정도의 놓기도 있을 것이다.

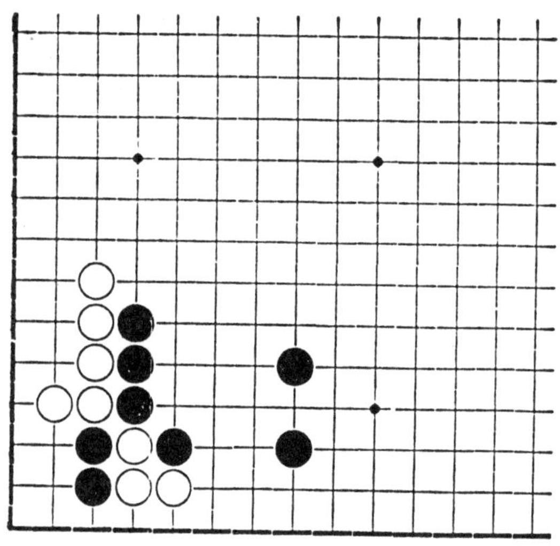

제27형

○제 27 형 혹선

2단 젖히기의 맥 용도는 상당히 넓기 때문에 이런 맥도 있다는 정도로 다루었다.

맥으로써는 상당히 고도의 것이라고 할 수 있다.

혹은 여기에서 어떻게 놓아야 할 것인가.

1도(맥)

혹1로 2단에 젖혀 늦추지 않는다. 백2의 끊기에 혹 3으로 젖혀가는 것이 이 혹1의 2단 젖히기 목표이다.

혹1에서 간단하게 혹2로 당기는 것은 백1, 혹A 때 백 B로 붙여져 혹의 두 점이 잡혀버린다.

원점으로 돌아가 혹3에 대해서는 백4로 한 점을 빼는 수가 있는데, 이어서 혹은——

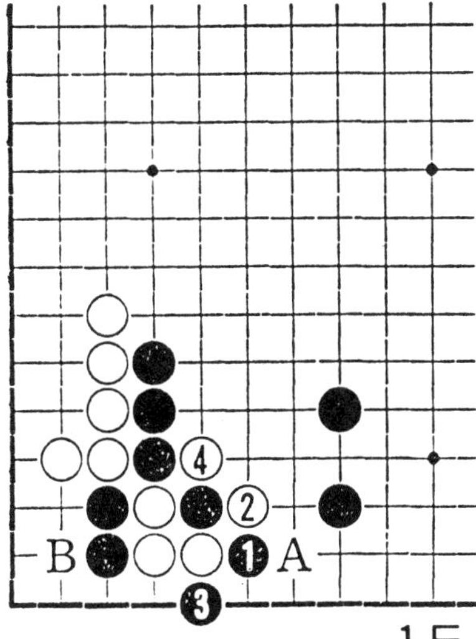

1 도

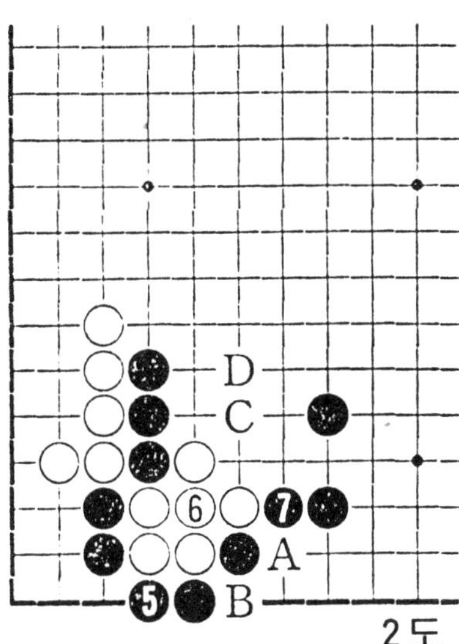

2 도

## 2 도

**5**로 건너대기를 걸친다.

여기까지 오면 이미 알 수 있을 것이다. 백**6**으로 잇게 하고 흑**7**로 공배를 메꾸어 둔다. 경단이 된 백은 조금도 꼼짝할 수가 없다.

흑**7**의 다음 백A로 끊어도 흑B로 이어가면 좋다는 것은 말할 필요도 없다.

또 흑**7**에서 흑A로 늦추는 것은 백부터 C로 놓여지거나, 또는 백D로 움직여 낼 나쁜 맛이 남기 때문에 좋지 않다.

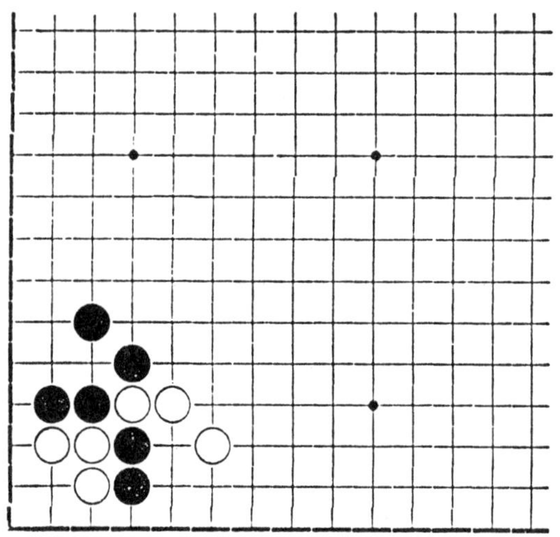

제28형

## 12. 비장의 맥

○제 28 형 흑선

좌하의 백 세 점과 그 오른쪽 흑 두 점이 서로  싸우고
있다.

흑부터 놓아, 과연 백을 잡을 수가 있을까—— 하는 문
제이다.

1 도(맥)

흑1로 묘한 곳에 놓는 것이 필승의 맥이 된다.

공부해 두지 않으면 이 맥 등은 발견할 수 없을 것이다.

또 충분히 주의해야 할 것은 흑A로 반대쪽으로 놓는 일
이다. 그것은 백B가 공배를 메우게 하여 져버린다.

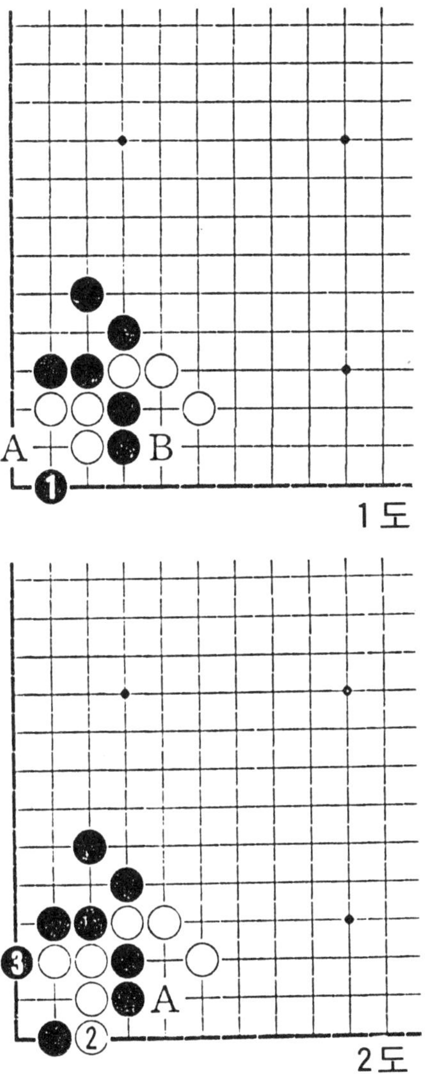

**1도**

**2도**

요컨대 놓는 맥은 자신은 위험한 돌쪽에 놓아야 한다는 것을 기억하기 바란다.

**2도**(싸움의 승리)

백2로 차단하면 흑3으로 젖힌다. 또 백2에서 백A라면 흑2로 건너 승이 된다.

**2·1의 급소**

1도 흑1은 '2·1'의 급소가 되어 있다.

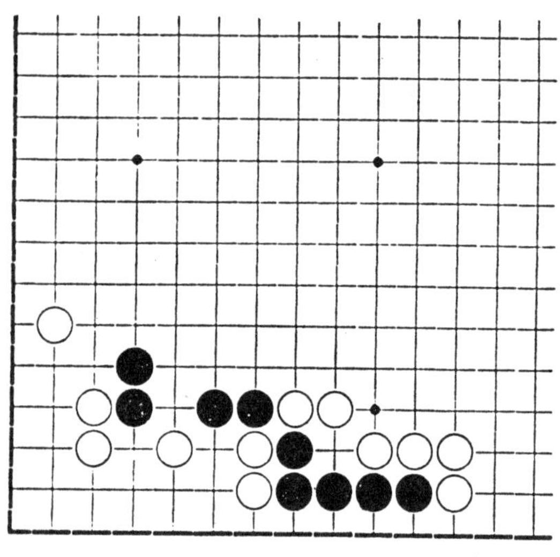

제29형

○제 29 형 흑선

오른쪽 흑의 다섯 점은 마치 바람 앞의 촛불과도 같다. 어떻게 구출하는 수가 없을까?

1도(맥)

흑1로 내보면 알 수 있을 것이다. 백2 때 흑3으로 두는 맥이 있다.

다음에 백A로 이으면 흑B로, 싸움은 흑에서는 4수, 백에서는 5수 걸침으로 한 수 승이다.

백C 대기의 공배가 막히면 흑의 한 수 패가 되는데, 흑3에서 B로 백을 좌우로 분단할 수 있어, 3의 비장의 맥이 성립하는 것에 변화는 없다.

흑1의 내기에 대해서는 백도 놓는 맥을 발견하지 못하면 A로 내려 흑2로 두 점을 잡게 하는 결과가 될 것이다

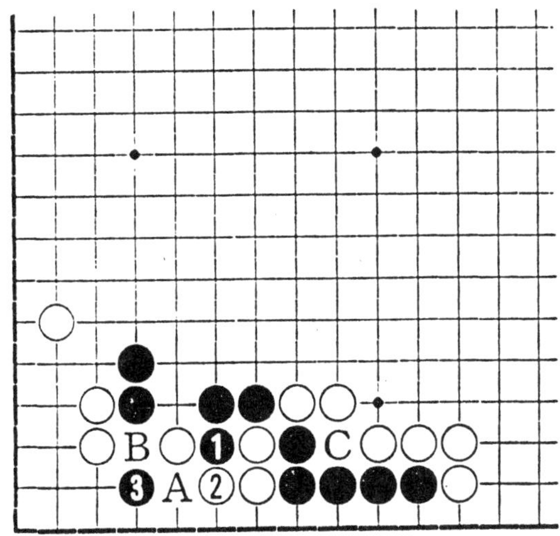

1도

◎수순의 차

**참고도**(들어오는 위험성)

이 형에서는 흑1부터 가는 편이 맥이라고 생각하기 쉬운데, 이것은 다소 손해가 된다. 백2로 이어져 흑3에 백4로 놓여지면, 흑1의 한 점이 들어올 가능성이 생기기 때문이다.

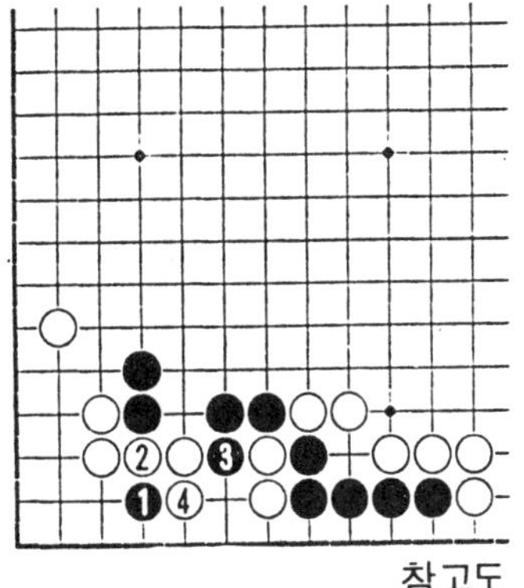

참고도

이런 약간의 차라도 섬세한 바둑에서는 승패에 직접 영향이 있으므로 충분히 주의해야 한다.

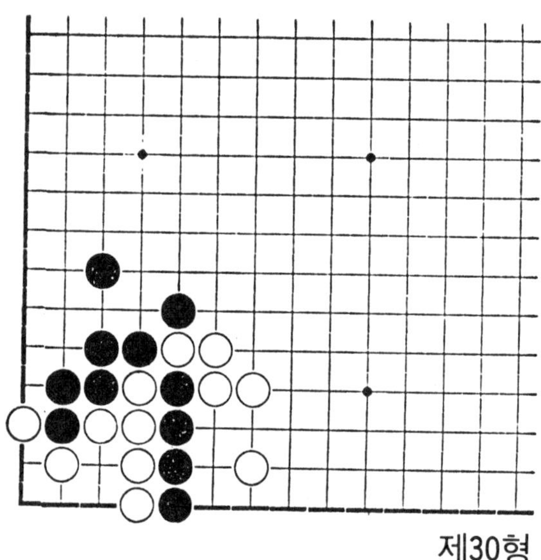

제30형

○제30형 흑선

공배 막힘은 찌르는 문제이다.

서로 싸우는 형을 이루고 있는데, 과연 흑이 이기는 방법은 있을까?

1도(맥)

이 백의 형을 찌르는 급소는 이 흑1이다.

흑1은 앞에서도 나온 것과 같이 '2·1의 급소'에 해당한다.

이어서 백A라면 흑B로 공배를 메꿔 서로 싸우기에서 이긴다. 또 흑1에 백C로 메꿔주면 흑A로 던져넣어( 그 아래라도 좋다) 간단하다.

그럼 이것으로 흑이 무조건 이기느냐 하면 좀처럼 그렇게 쉽게 되어가지는 않는다.

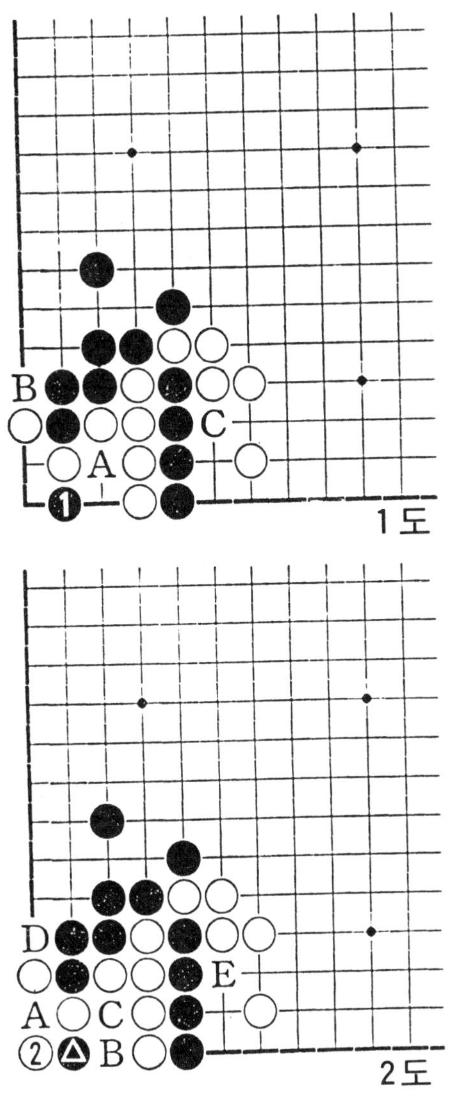



## 2도(패싸움)

백도 2로 구석에 던져넣고 패로 버티는 수가 있다.

흑으로써는 A로 취한 패인데, 이것은 다소 편한 패가 된다. 비록 이 패에 져도 백 2에 대해 흑B로 뻗고, 백C로 두점을 잡게 한 다음 다시 ●에 놓는 패 세우기가 있기 때문이다.

백B로 잡히면 최후에 흑D로 단수 백E에 흑A로 취해 드디어 본패가 되는 것이다.

다소 이해하기 어려운 변화이지만 감각 양성을 위하여 눈으로 쫓기 바란다.

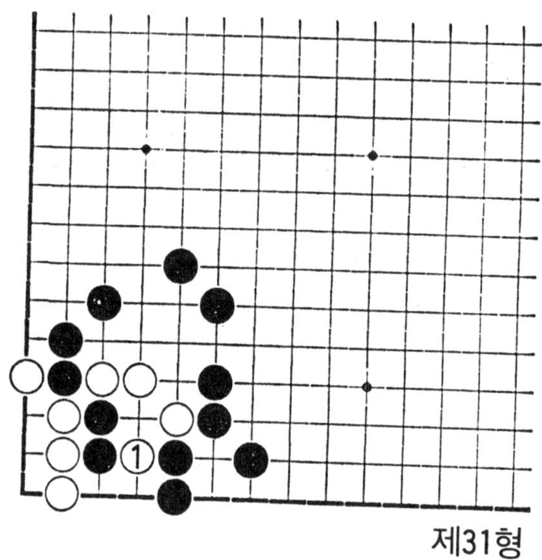

제31형

## 13. 내리기의 맥

○제31형 흑선

백이 1로 갈라 들어갔다고 하자.

이런 경우 흑은 어떻게 응할 것인가.

1도(맥)

흑1로 내리는 것이 맥이다. 이것으로 백의 야망은 분쇄
된다.

**나쁜 맥의 대명사**

맥에서 좋은 것을 '맥이 좋다'라고는 하지만 다른 표현방
법은 없다. 그러나 나쁜 맥이 되면 '변변치 않은 맥' '서
툰 맥' '속맥' '맥 나쁨' 등 여러 가지로 표현된다.

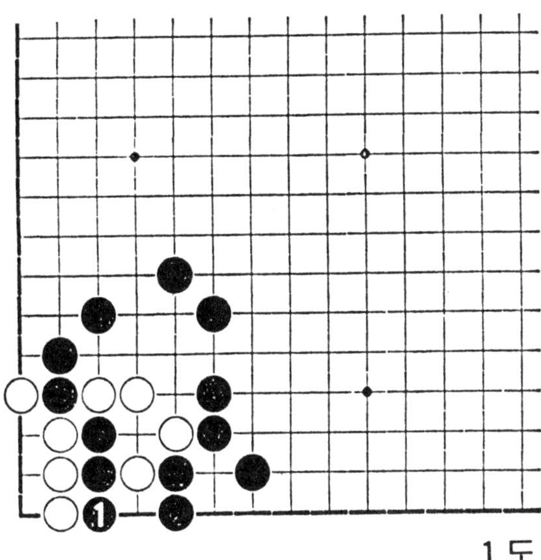

1 도

## ◇되놓기에 주의

**참고도**(백 살다)

어떤 때라도 대응 방법에 주의를 기울이지 않으면 안된다.

이제 31형에서도 실수로 혹1로 단수를 걸면 백에게 2로 놓여져 되놓기로 잡혀버린다.

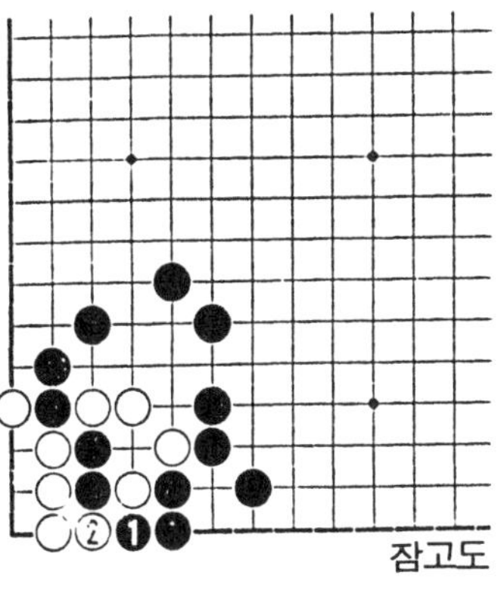

참고도

애써 잡은 백돌이 이로써 숨을 쉬게 되기 때문에 상당한 손해이다.

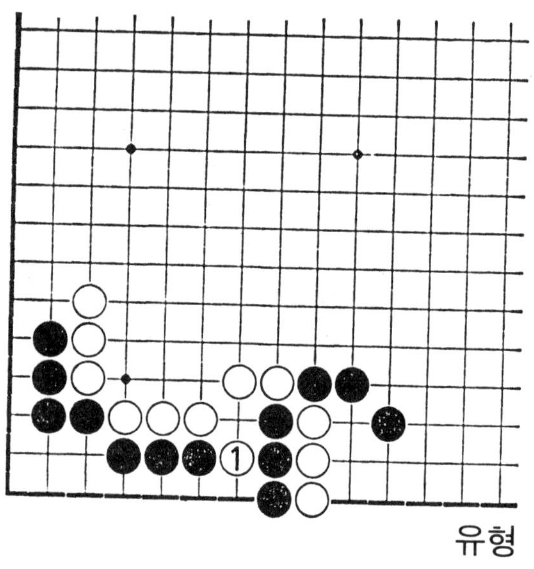



○유형 흑선

역시 백 1 로 젖혀 들어갔다.

이것에 대하여 흑은 어떻게 대응해야 할 것인가?

충분히 주의하기 바란다.

2 도 (내리기)

흑 1 의 내리기가 바른 맥이다. 이 맥은 앞의 형과 거의 비슷하지만 포함되어 있는 의미는 조금 다르다.

여러분 중에 흑A로 받는 것을 생각한 사람이 적지 않을 것이다.

단 흑 1 에서 흑A로 받으면 나쁜가——하는 의문을 가지는 사람이 있을 지도 모른다.

상세한 설명은 **참고도**에서 하겠지만, 그 설명을 읽기 전에 어째서 흑A로 놓으면 나쁜지 생각해 보기 바란다.

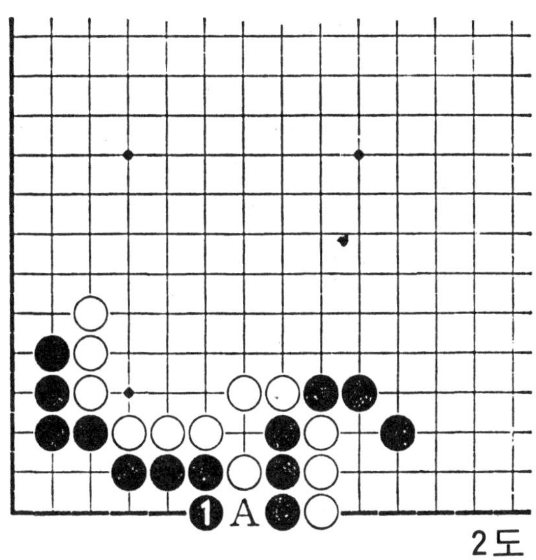

2도

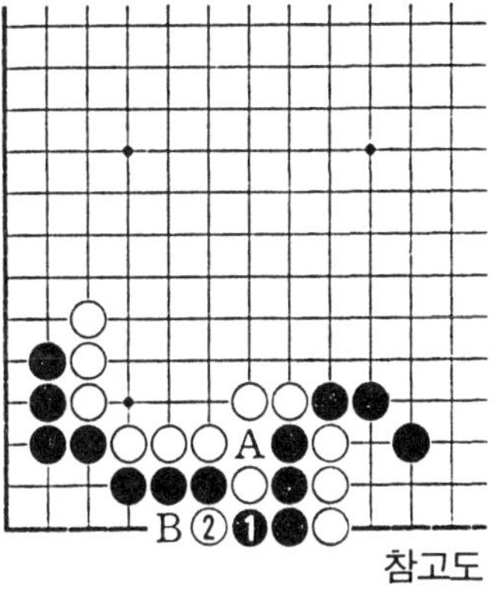

참고도

◇ 쫓아 떨어뜨리기에 주의

보통 흑1로 받고 싶어질 것이지만 백2의 넣기가 있다. 이렇게 놓이면 흑A로 한 점을 잡을 수는 없다(되놓기가 된다).

어쩔 수 없이 흑B로 잡으면 백은 A로 이어 댄다. 여기까지 오면 알 수 있을 것이다. 흑 네 점을 2로 이을 수가 없는 것이다.

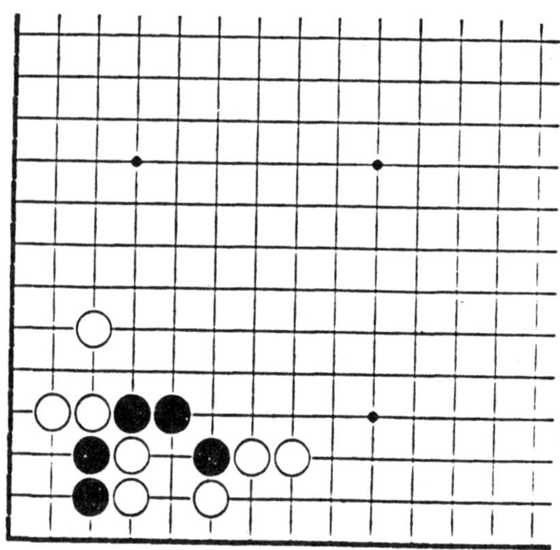

제32형

## 14. 갈라넣기의 맥

○제 32 형 흑선

맥 중에서도 대표적인 것이 이 갈라넣기의 맥이다

이 형은 말하자면 기본 중의 기본이다.

따라서 초보자라도 이 모양이라면 정해를 낼 수 있을 것

이다. .

　1 도(맥)

흑1이 갈라넣기의 맥이다. 이것으로 갈라넣어진 왼쪽

백 두 점은 떨어져버린다. 백은 A로 끼워넣을 수 없다.

그리고——

　2 도(무조건 ——쫓아 떨어뜨리기)

백은 2 로 연락을 기하지만 흑3 으로 이어져 그것까지

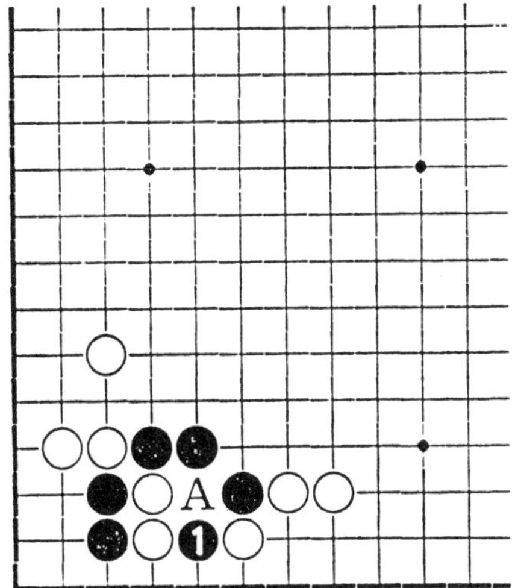

1 도

2 도

이다.

백A로 이어도 흑B로 안된다.

예를 들면, 흑 C로 패로 견딜 수가 있을 것 같지만, 이 패는 우선 이길 맛이 없다. 또 만일 흑에 패 재료가 부족하다면, 흑은 B의 수로 D 단수를 걸어 백을 쫓아 떨어뜨릴 수 있다.

갈라넣기의 맥은 한 칸 뛰기의 돌에 대해서도 자주 사용된다. 다시 말하자면 칸이 비어있는 곳은 갈라넣기에 주의하지 않으면 안된다.

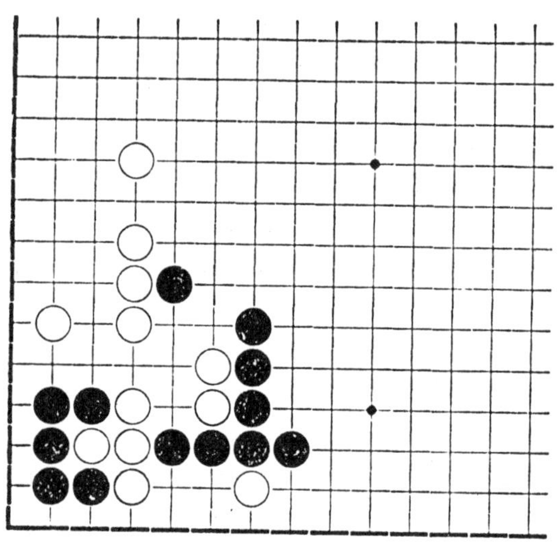

제33형

○제33형 흑선

상당히 복잡한 형이다. 따라서 얼핏 보아서는, 초보자로써는 도저히 어떤 문제인지 알 수 없을 지도 모른다.

백의 결점을 찌르고 싶다——하는 테마이다.

1도(맥)

어떤가? 흑1의 수를 알아차렸는가?

이것이 갈라넣기의 맥이다. 다음에 백A라면 흑B로 이어 A의 위와 아래의 두 곳에 단점이 생긴다.

또 흑1에 대하여——

2도(분단)

백2로 아래에서 끊어주면 흑은 3으로 도망쳐 나간다.

이것으로 A의 연결과 B의 연결이 균형이 되고, 아래쪽

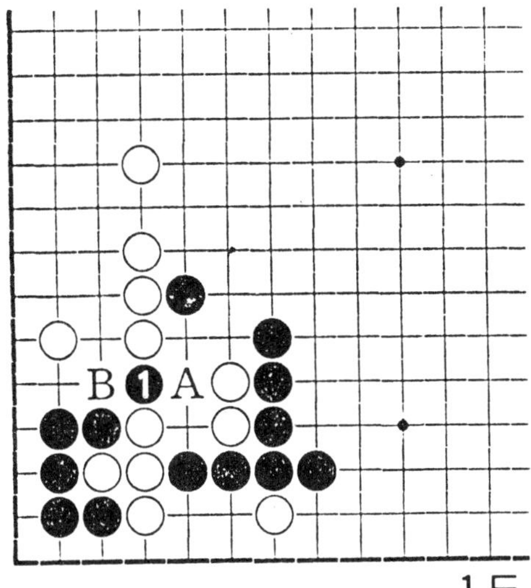

1도

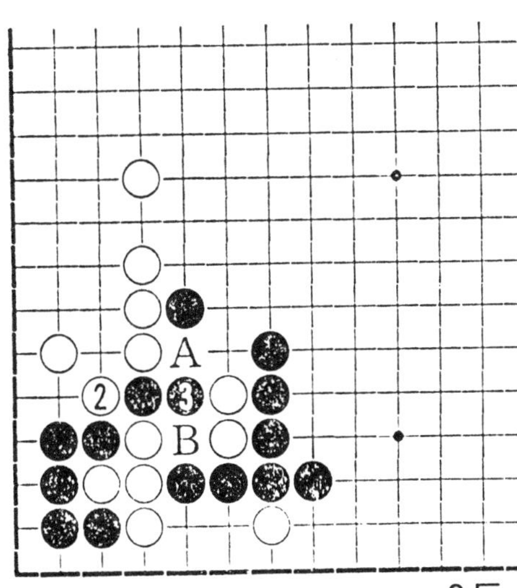

2도

의 백은 완전히 분단된다.

맥은 이와 같이 상대(여기에서는 백돌)의 결함을 찌르는 수가 있을 뿐이므로, 결함이 없는 형에 대해 맥은 뻗을 수가 없다.

강한 사람의 돌에는 그런 결함이 적기 때문에 맥을 놓을 수 있는 찬스는 많지 않은 것이다.

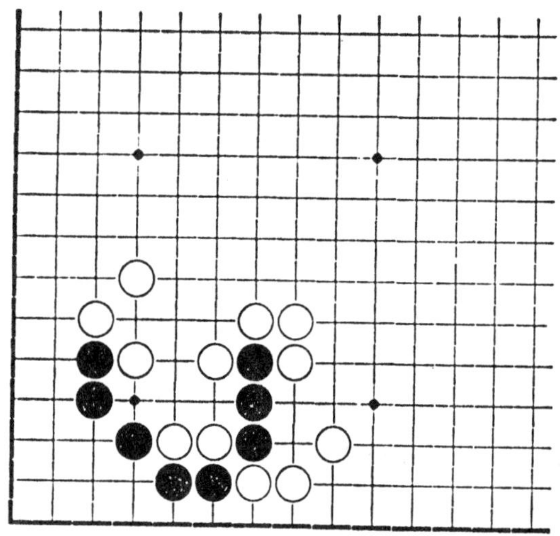

제34형

○제34형 흑선

얼핏 보아서는 흑의 세 점은 살 것 같지가 않다.

그러나 잘 보면 백의 형에는 상당한 결함이 있다.

그것을 찌르는 맥을 발견하라.

1도(맥)

흑1이 그것이다. 역시 갈라넣기의 맥이다.

이것은 맥 중에서도 상당히 고도의 것으로 실전 중에 이것을 놓을 수 있게 되면 유단자의 실력이라고 할 수 있을 것이다.

또 백B라면 흑A로 위에 뻗고, 역시 아래쪽의 백은 살 수 없을 것이다.

흑1의 갈라넣기에 대해 백C로 이으면, 흑은 B의 오른쪽에 놓으면 좋다는 것은 말할 필요도 없다.

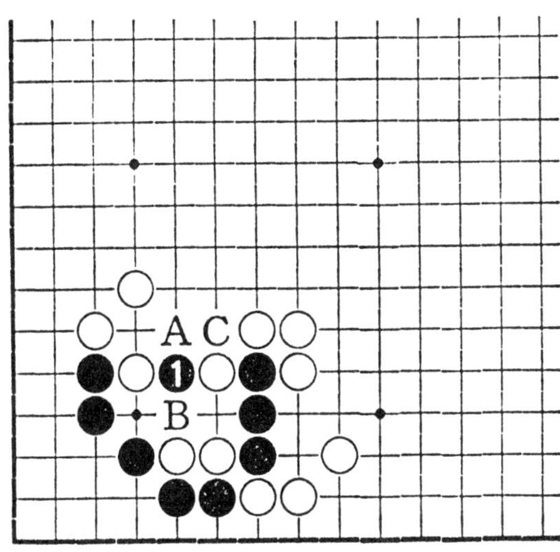

1 도

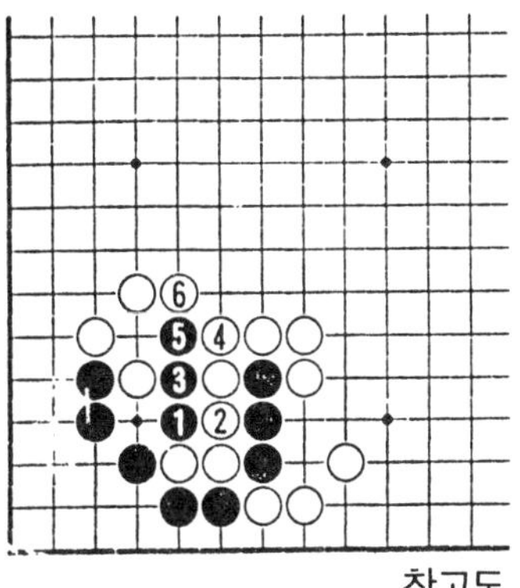

참고도

◇속수에 주의

**참고도**(수가 되지 않는다)

혹1로 단수를 걸치는 것으로는 백에 2로 이어져 오른쪽의 혹 세 점을 구출할 수가 없다.

혹3 · 5에는 백6 까지로 받아 그것까지이다.

맥이 얼마나 큰 위력을 발휘하는가는 1도 혹1의 수를 보면 알 수 있을 것이다.

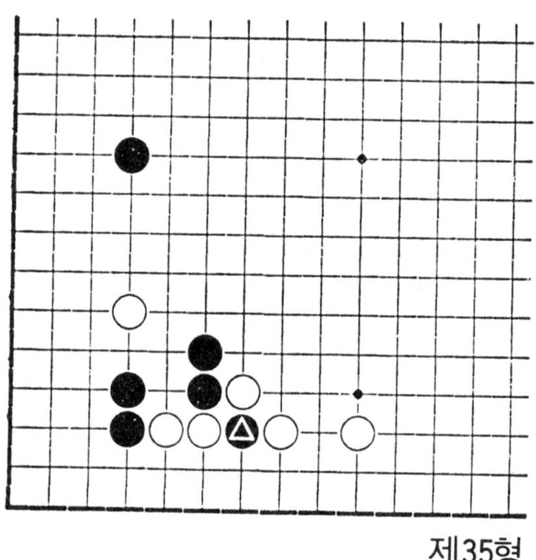

제35형

## 15. 두 점으로 버리는 맥

○제35형 흑선

이와 같은 형이 생긴 경우, 혹은 어떻게 결정하는 것이 좋을까?

● 의 단수로 되어 있는 돌을 활용하는 것이다.

그것에는——

1도(맥)

우선 흑1로 내린다. 이것은 흑을 구출하려는 것은 아니다.

같은 잡히는 경우라도, 이 경우는 두 점으로 해서 버리는 편이 좋은 것이다.

어째서 좋은가는 다음 그림에서 설명하겠다.

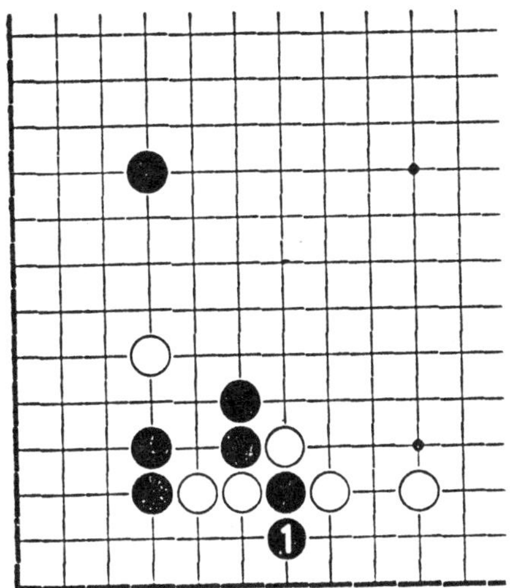

1도

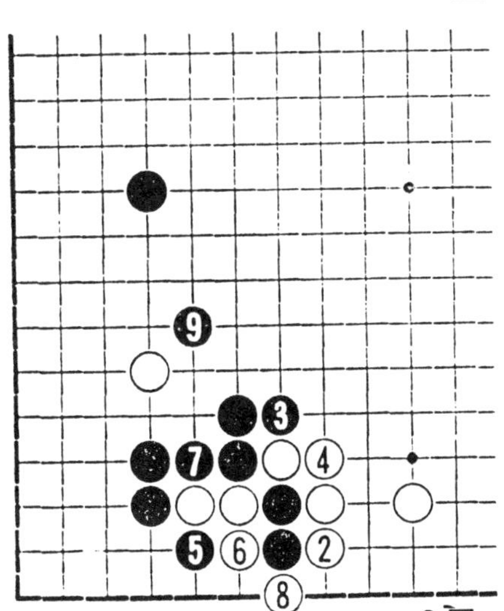

2도

**2도**(살리기)

백으로써는 당연히 2로 눌러넣어 흑 두 점을 잡아간다. 그때 흑은 3으로 단수를 건다. 이 흑3을 선수로 놓은 것에 의해 살리기가 된다. 이것이 두 점으로 버리기의 제일 효과이다.

이어서 흑5에서 7로, 이것도 선수로 메꿔 붙인다. 이것이 제2의 효과인 것이다.

또 두 점으로 버리는 맥은 제3선에서 제2선으로 내리는 경우가 대부분이다.

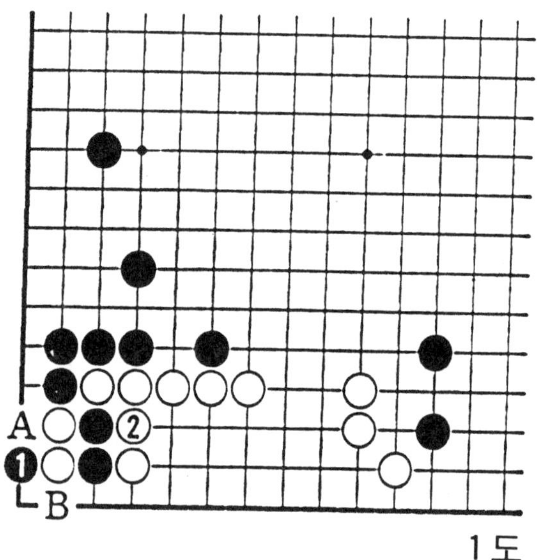

1 도

## 2. 기능으로 생각하는 맥

아무리 맥인 듯한 것이 발견되어도 그 효과를 그다지 기대할 수 없는 경우에는, 한동안 지켜보지 않으면 안된다.

형만 외우고 있으면 시기를 틀리는 경우가 있는 것이다. 예를 들면——

1 도(붙이기)

흑 1이 구석에 있어서의 하나의 맥이다.

백 2에서 A로 차단하면 흑 B로 놓아 패가 되게 하려는 목표를 감추고 있다. 그러나 중반에서도 백 2로 받아주지 않을 지도 모른다. 또 백 2로 받아줘도, 흑 A로 댄 때에 백은 두 점을 버리고 다른 호점으로 돌 지도 모르는 것이다.

그때 당황하여 손 빼기로 다른 곳으로 돌면 종반에 들

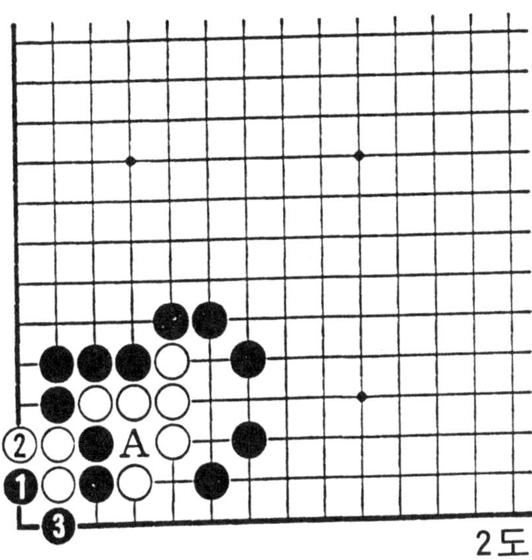


어가 백A로 놓아 흑1의 한 점을 삼켜버릴 지도 모른다. 그렇게 되면 흑1은 악수가 되어버린다.

즉 흑1의 맥을 놓는데는 찬스라는 것이 있다. 맥을 형으로 삼킬 수 있다면, 다음에 그 타이밍으로 효과를 충분히 생각할 필요가 있다. 같은 맥이라도——

2도(패)

흑1은 상당히 큰 수가 되어 있다. 이번에 백A로 단수하는 것은 흑2로 돈사(頓死)해 버리므로, 백은 2로 차단하여 버리는 길밖에 어쩔 도리가 없다. 흑3으로 흑의 꽃놀이패이다.

즉 이 흑1 등은 이른 시기라도 걸어야 하는 맥인 것이다.

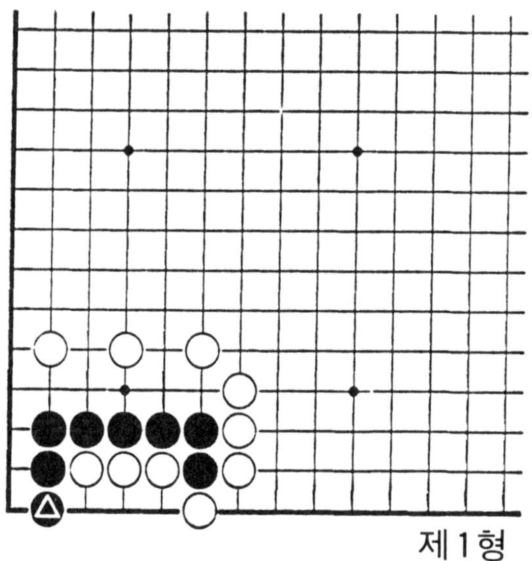

제1형

## 16. 쫓아 떨어뜨리기의 맥

○제1형 흑선

이 구석에는 아직 한 눈밖에 없다. 그러나 ●의 내리기가 있기 때문에 쫓아 떨어뜨리기가 산다.

이것은 입문서에도 나오는 쉬운 맥이므로 누구나 간단하게 알 수 있을 것이다.

그러나 실은 어려운 쫓아 떨어뜨리기 맥 대부분이 이 스타일인 것이다.

말하자면, 쫓아 떨어뜨리기의 원형이므로 잘 기억해 주기 바란다.

1도(맥)

흑1의 던져넣기가 맥이다. 백에 2로 취하게——

2 도(쫓아 떨어뜨리기)

혹 3으로 공배를 메꾸면 백은 네 점을 이을 수가 없다.

**힘**

'저 사람은 힘이 강하다' 등으로 평하지만, 그 힘이라는 것이 도대체 어떤 것인지 구체적으로는 확실치 않다. 돌이 서로 싸워갈 때 강한 사람이 그것에 해당하는 것 같기도 하다.

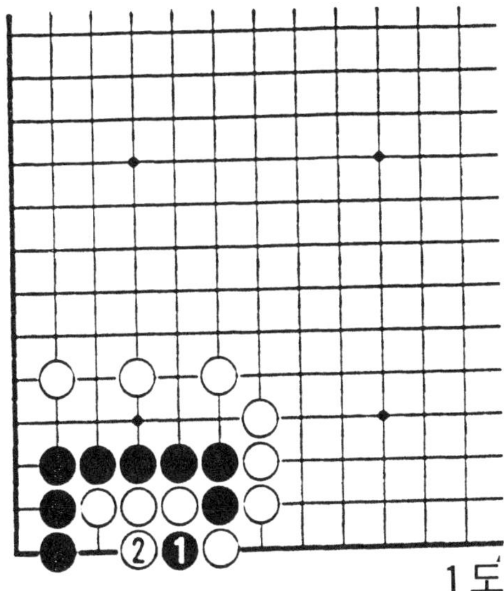

1 도

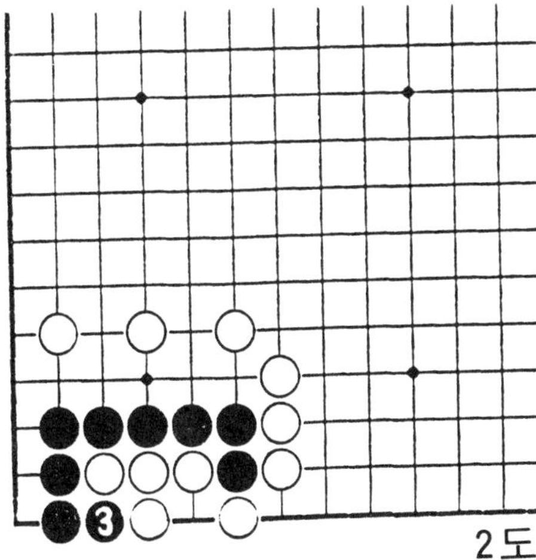

2 도

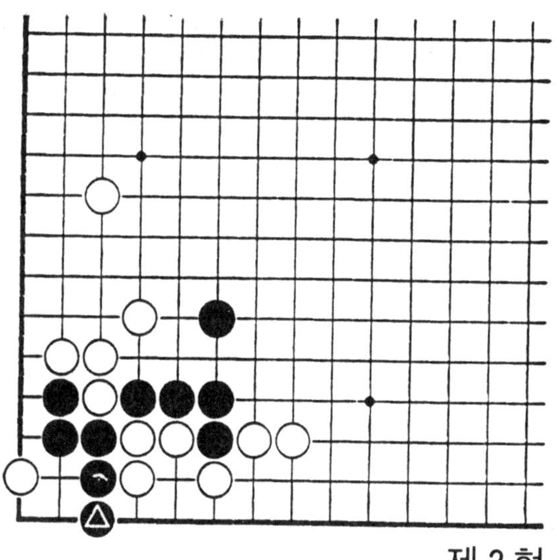

제 2 형

○ **제 2 형 흑선**

구석의 흑은 살아 있지 않다. 이 경우 의지가 되는 것이 ●의 내리기이다.

흑에는 어떤 수단이 있을까?

**1도(맥)**

우선 흑 1 로 던져넣어 백에 2 로 취하게 한다.

이미 여기까지 말하면 무엇인지 알 수 있을 것이다.

**2도(쫓아 떨어뜨리기)**

흑 3 으로 공배를 메꾸면 쫓아 떨어뜨리기가 된다.

이 쫓아 떨어뜨리기의 맥은 실전에서도 매우 자주 나온다.

제 2 형에 관하여 말하자면, 이 쫓아 떨어뜨리기의 맥을 보아, 같은 그림 ●의 내리기가 언제라도 선수로 놓을 수

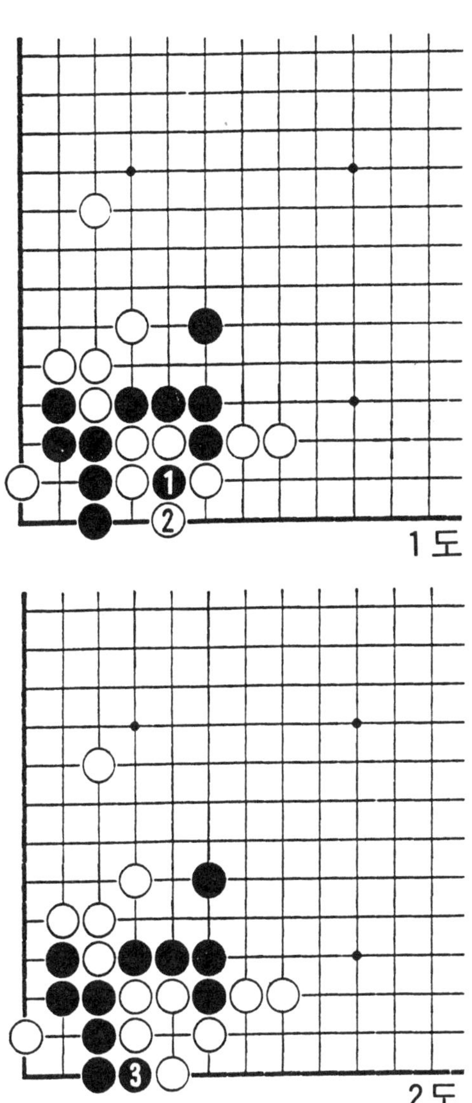

1도

2도

있다는 것이
다.

내리기의 맥
이라도 제1
선으로의 접어
끊기가 활약하
는 장은 많은
것이다.

또 쫓아 떨
어뜨리기에 걸
린 쪽은 공배
막힘이 되어
있는 것이다.

여러분이 앞
으로 공부하
는 데는 어떤
것이 공배 막
힘인지, 그것
을 주의하면
그 만큼 능률
이 오를 것이
다.

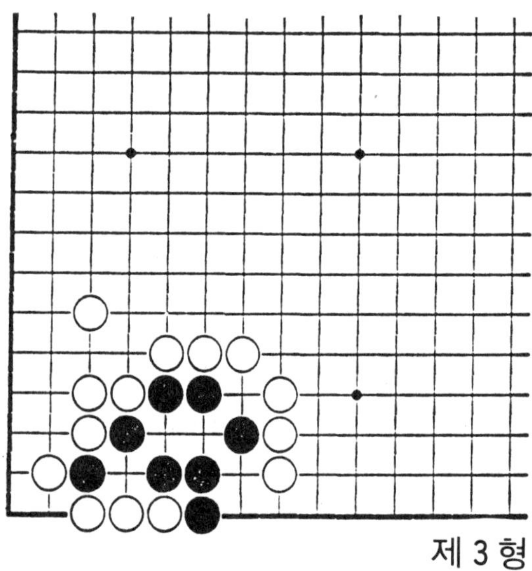

제 3 형

## ○제 3 형 흑선

이것은 구석의 특수성을 이용한 쫓아 떨어뜨리기의  문제이다.

흑에는 아직 한 눈밖에 없는데, 살 수가 있을까?

1 도(맥)

상당히 어려운 쫓아 떨어뜨리기의 맥이다.

흑 1 로 던져넣는 것을 눈치채었을 것이다.

이것으로 백은 A로 잡을 수가 없다. 되놓기의 형이기 때문이다.  어쩔 수 없이 백 2 로 잡으면——

2 도(쫓아 떨어뜨리기)

흑 3 으로 이어 쫓아 떨어뜨린다. 백이 세 점을  이으면 어떻게 되는가 하는 것은 말하지 않아도 알 수 있을 것이다.

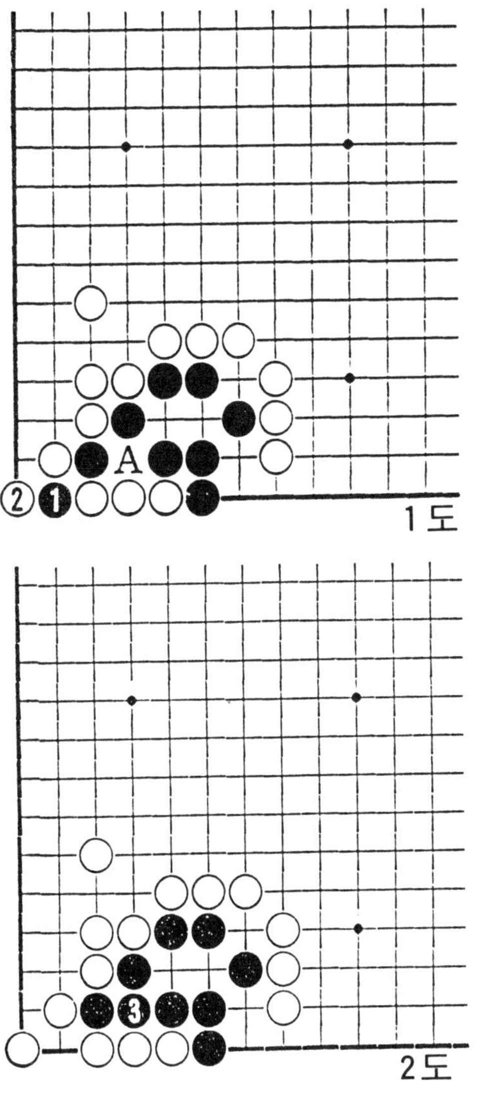

1도

2도

이 맥 등이 문제로 내지면 많은 사람은 정해를 낼 수 있을 지도 모른다.

그러나 이 형이 만일 실전에서 나오면, 과연 몇 사람이 정해를 낼 수 있을까. 실제로 아마츄어 유단자로 이 맥을 손해보는 사람을 본 적이 있다.

초보자라면 모를까, 유단자가 그런 실수를 저지르는 것은 주의력 부족과 잘못된 공부 방법 탓일 것이다.

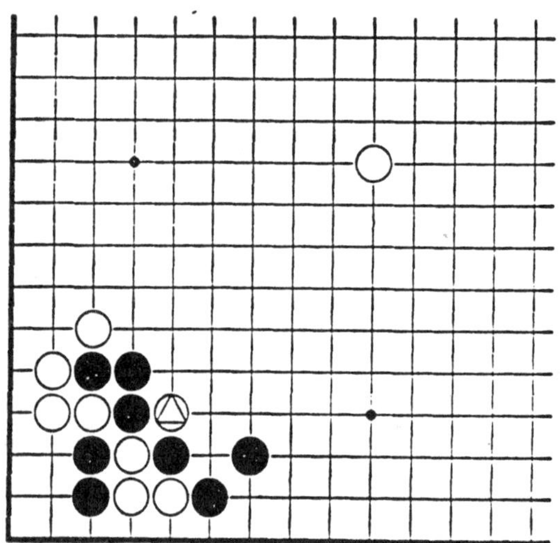

제 4 형

○제 4 형  흑선

이제까지의 문제와는 조금 다르다. 이것은 눈목자의 정석에서 생긴 형이다.

백이 ⊛으로 끊어갔다고 상정하고 이것에  대하여 흑은 어떻게 대처해야 할 것인지를 생각해 보자.

또 중앙에 백돌이 놓여있는 것은 축 관계가  백에게 좋다는 것을 나타내고 있는 것이다.

1 도 (맥)

흑 1 로 되돌려 단수하는 것이 맥.  백은  2 로 취하는 한수일 것이다.

백 2 에서 백 A 로 뻗어내면 흑은  2 로 이어져 버린다. 그리고 백의 세 점이 잡혀  있다.

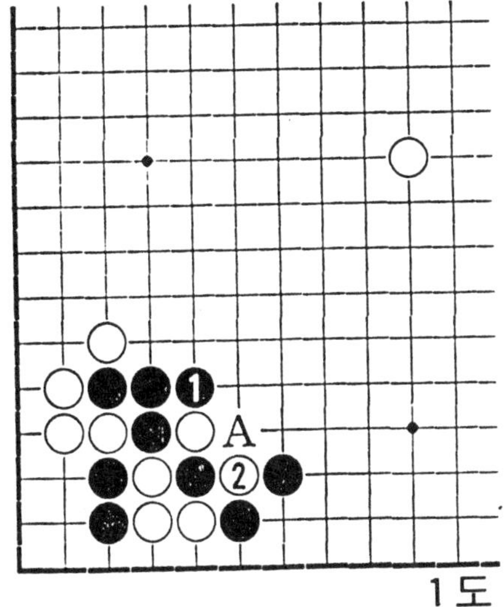

1 도

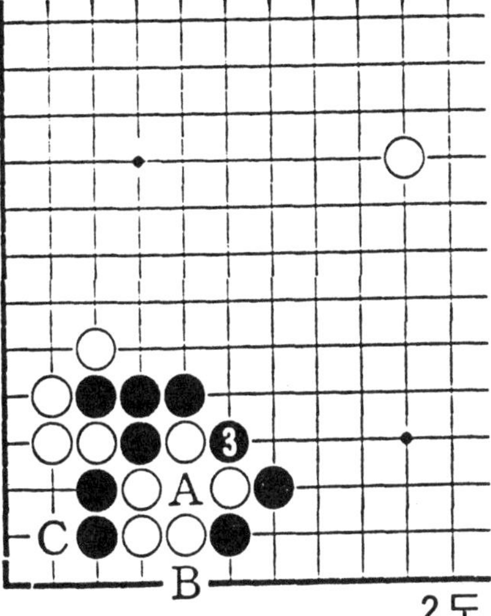

2 도

흑1에서 2로 잇는 것은 백1로 축에 잡힌다.

이 그림 백2로 취한 때——

2도(두께에 만족)

흑3으로 단수하는 것이다.

어떤가. 백은 A로 잇지 않으면 안되는 것인가?(백 A의 잇기라면 흑 B로 단수)

어쩔 수 없이 백은 C로 놓고 구석의 두 점을 취하러 가는데, 흑은 선수로 A로 두점을 뺀다.

이 두 점을 뺀 흑의 벽은 상당한 것이다. 게다가 선수이므로 흑으로써는 충분히 만족할 수 있다.

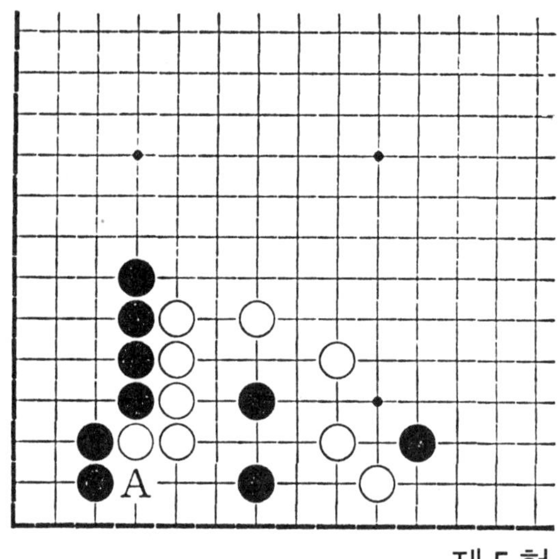

제 5 형

## 17. 대기의 맥

○제 5 형 흑선

백에 A로 눌러 넣어지면 오른쪽의 둘러싸인 두 점의 흑은 우선 절망이다.

흑으로써는 어떻게 해서든지 왼쪽 흑돌에 연락을 하려는 참이다.

**1 도**(맥)

흑 1 의 마늘모가 정해이다. 맥은 마늘모이지만, 이것은 동시에 ● 의 돌과 눈목자 관계에 있다.

이것은 종반에 있어서 원숭이 미끄러지기와 같은 맥이다.

또 흑 1 에서는 흑 A로 대각선으로 놓아도 건널 수 있으나, 보통은 강한 근원이 된 쪽의 돌부터 대각선으로  놓는

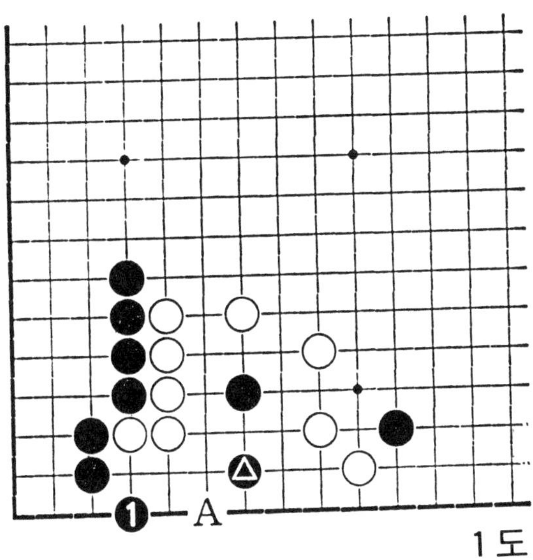



1도

것도 기억해두기 바란다.

◻️ 날일자로는 실패

**참고도** (분단법)

혹1의 날일자로도 건
널 수 있을 것 같으나 이
것으로는 백2로 건너뛰
는 수가 있어서 건널 수
가 없다.

다음에 예를 들면, 혹
A로 한 점을 취하러 가

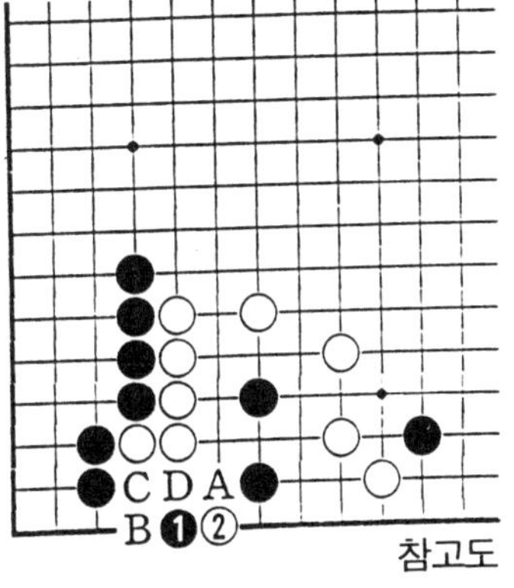



참고도

면 백에 B로 되끼워지기 때문이다. 백2에 대해서는 혹도
C로 당기게 되어, 백D, 혹B, 백A로 연결되어 혹의 실패
로 끝난다.

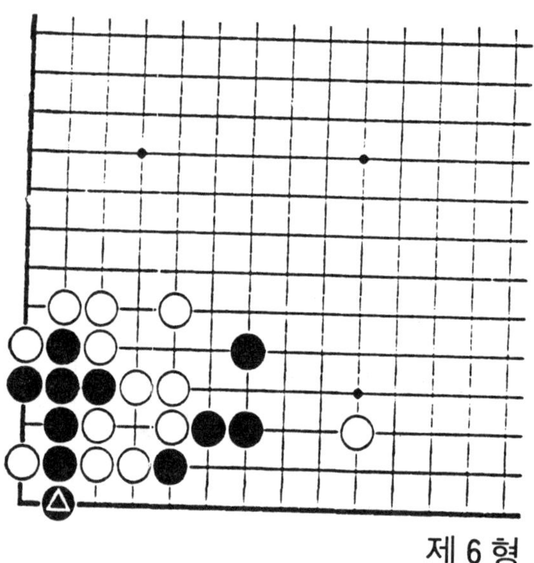

제 6 형

○제 6 형 흑선

여기에서도 내리기가 작용해 가는 연락의 맥이다.

● 의 내리기가 있는 것에 의해 왼쪽의 흑이 연락된다.

1 도(맥)

이것은 문제로써 내질 정도의 것은 아니지만, 우선 답을 나타내 둔다.

흑1로 연락이 가능하다는 것은 알 수 있을 것이다. 다만 다소 마음에 걸리는 것은 A의 결점인데, 백이 A로 끊어가도 흑 B로 이어 조금도 걱정은 없다.

이런 건너기의 맥이 있는가 없는가로 왼쪽 흑돌이 사느냐, 그렇지 않으면 백에게 잡히느냐 하는 결과가 된다. 그러므로 이 형이 실전에서 나온 경우에 이 건너기를 놓을 수 있는 것은 중요한 것이다.

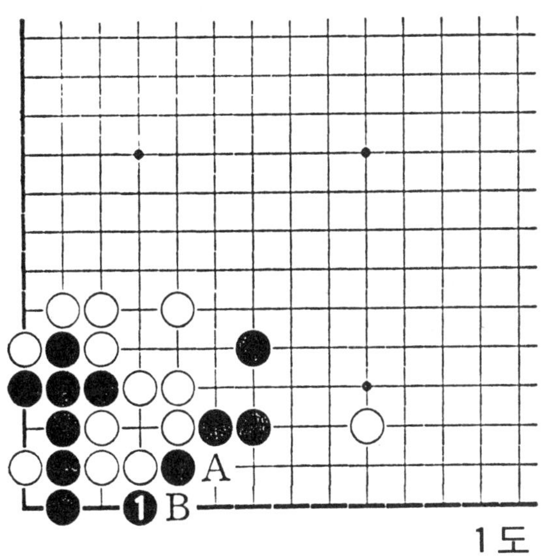

1 도

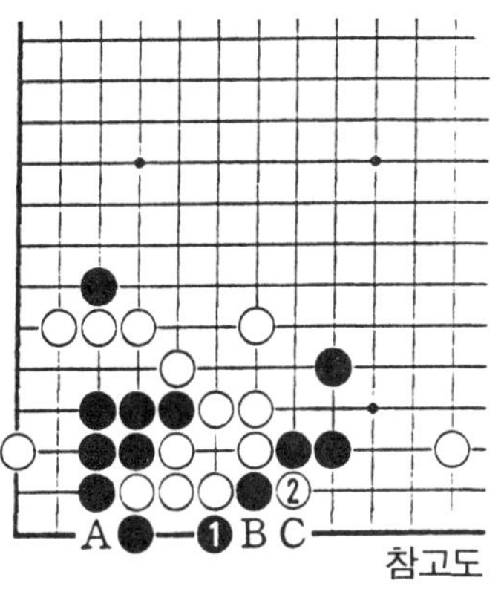

참고도

⊠ 닮아서 나쁜 형

**참고도**(건널 수 없다)

이 형은 **제6형**과 비슷한 것 같지만 실은 전혀 다른 것이다. 우선 흑에 A의 잇기가 없다는 것이다. 이것으로는 흑 1로 젖혀도, 백에 2로 끊겨도 건널 수 없다. 흑 B라면 백 C로 쫓아 떨어뜨린다. 따라서 흑도 백 2의 끊기에 흑 C로 패로 받아 버티는 것이 된다.

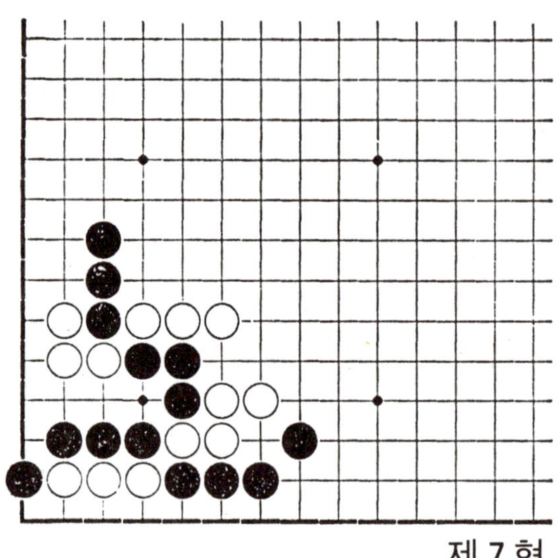

제 7 형

## 18. 서로 싸우기의 맥

○제7형 흑선

한가운데에 감싸여 있는 흑 일곱 점과 아래쪽의 백 세 점과의 싸움이다.

아래쪽의 백에 대해 흑에서의 수수는 3수이다. 흑 자체에 과연 어떤 수가 걸릴 것인가? 또 흑의 대책은?

1도(맥)

묘하게 생각되겠지만, 흑1로 이어 두는 것이 중요하다. 이것이 서로 싸우기의 맥이다.

이 흑1에 의해 흑의 수수는 4수이다. 한쪽의 백은 3수이므로, 이 싸움은 흑 1의 승이 된다.

그러면 이 1을 놓지 않고 흑A로 백을 취해가면 어떨

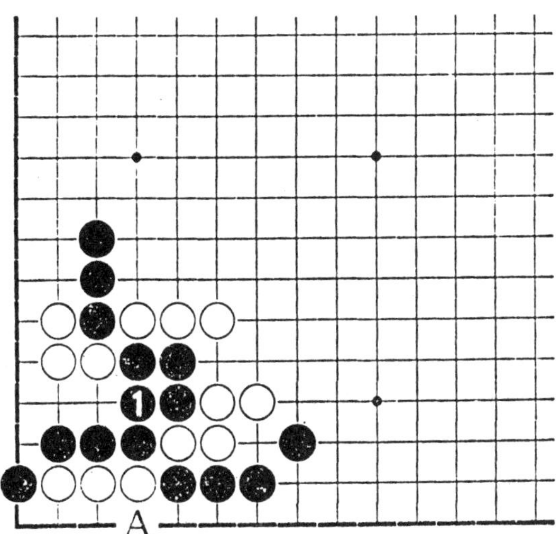



1 도

까? **참고도**를 보도록 하자.

⊠**수수를 줄이는 맥**

**참고도**(요석을 잡게 한다)

보통 흑 1 로 공배를 메꾸는 것으로는 백 2 의 던져넣기를 먹고, 백 4 로 단수를 걸쳐져 흑은 2 에 이을 수가 없다. 만일 이

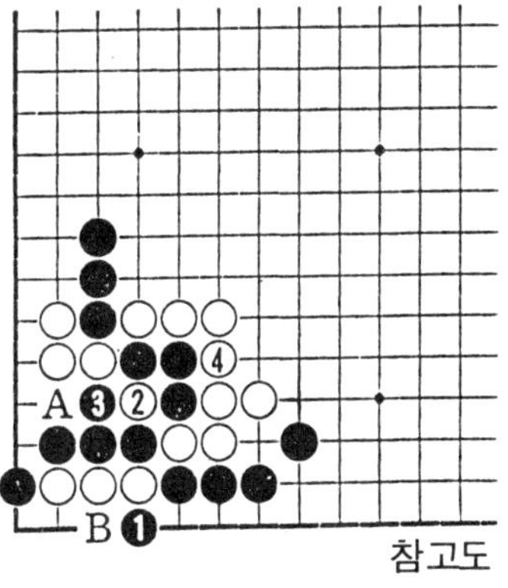



참고도

으면 백 4 로 반대로 전체가 잡혀버린다.

또 백 4 다음 흑이 B로 공배를 메꿔간 때는 백 2 로 세 점을 빼두어야 한다.

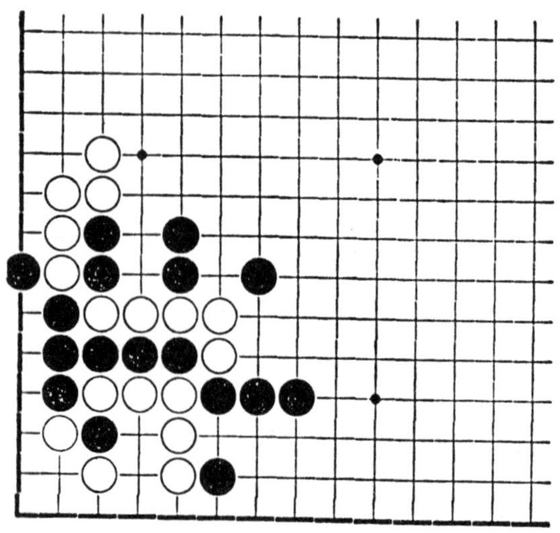

제 8 형

○제 8 형 흑선

큰 그림이지만, 이것도 흑의 차례에서 어떻게 되는가 하는 문제이다.

한가운데에서 흑에 포함되어 있는 백 다섯 점에는 공배가 네 개 비어 있다.

한편 그 왼쪽에 있는 일곱 개의 흑에는 세 개밖에 없다. 이대로는 백의 승리인 것이다.

흑에게 무슨 좋은 수는 없을까?

1 도(맥)

이 형에서는 흑1의 젖히기(단수)가 산다. '양쪽 젖히기로 수수가 뻗는다' 라는 격언이 있는데, 이것이 그 기본도이다.

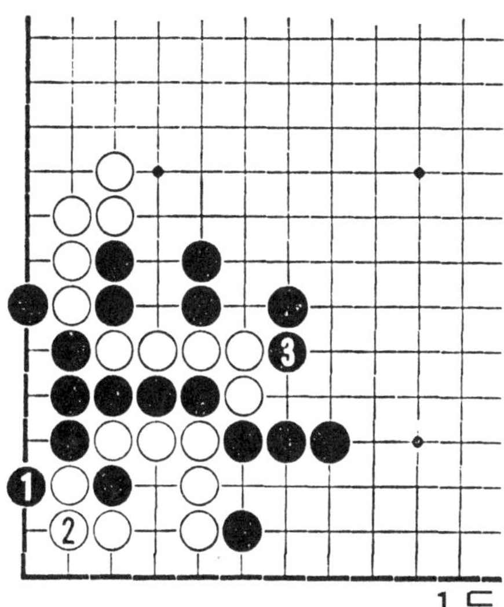

1 도

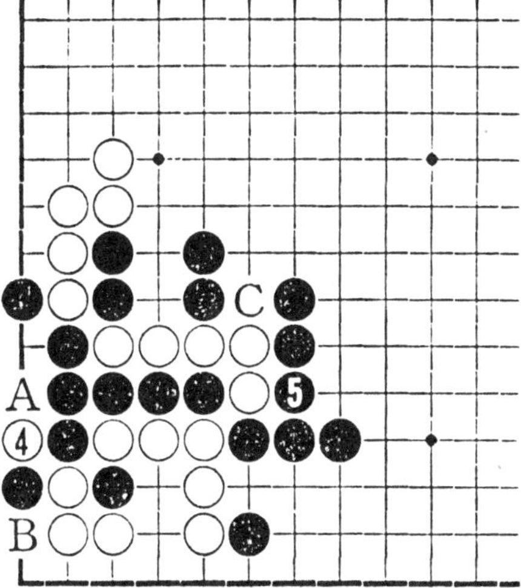

2 도

혹 3 으로 외공배를 메꾸면, 반대로 혹의 한 수 승이 되는 것이다.

이어서——

2 도 (요주의)

백은 4 로 놓아 볼 것이다.

이때 잠자코 혹 5 로 공배를 메꾸고 있는 것이 중요하다. 이 혹 5 로 잘못하여 A 로 4 의 한 점을 잡으면 백 B 로 단수 되어 패가 된다.

백 B 에 혹은 5 로 메꿔가는 수밖에 별 도리가 없는데, 백 4 로 잡는 백의 패가 된다.

혹 5 에 대해 백은 A 로 놓지 않고(잡힌다), 백 B 라면 혹 C 이다.

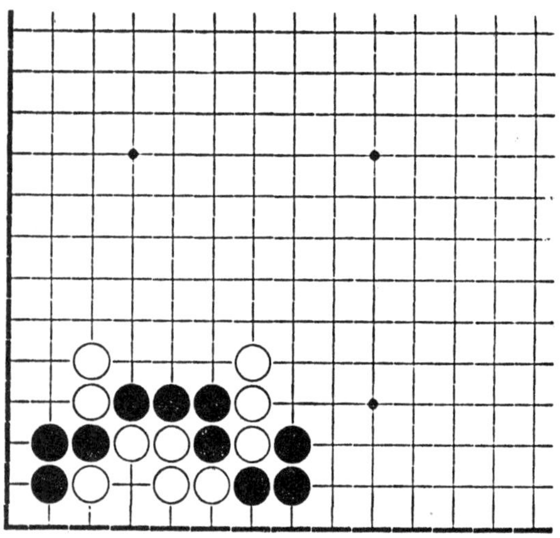

제 9 형

○제 9 형 흑선

어느 돌과 어느 돌이 서로 싸우고 있는가 잘  파악하는 것이 필요하다.  어설프게 전혀 관계없는 돌을 공격하는 케이스가 적지 않다.

이 싸움에서는 흑은 어디서부터 공격해야 하는 것일까.

1 도 ( 맥)

흑 1 로 젖히는 것이 맥이다.

백이 2 로 안을 기면 흑 3 의 잇기를 살려 흑 5 로  내린다.  이로써 흑이 이긴다.

흑 1 의 젖히기에 대해 백 A 로 공배를 메꿔도 흑 4 로 서로 싸우기에서 이긴다는 것은 쉽게 알 수 있을 것이다 .

또 이 흑 1 의 젖히기에 흑 2 등으로 놓아가는 것으로는 백의 공배가 막히지 않으므로, 백 A 로 공배를  막혀져 버

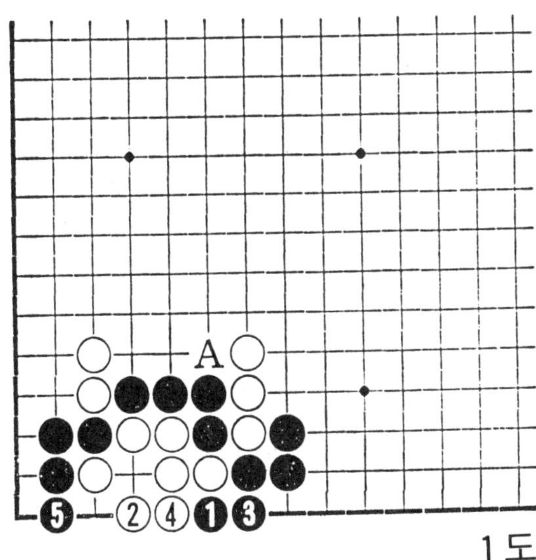

1 도

린다.

◻지엽을 메꾼다

**참고도** (서로 싸우기에
서의 착각)

흑1로 단수를 거는 것
은 서로 싸우기에서 가
장 서툰 놓기이다.

이것은 백2로 놓여져
지게 된다. 흑으로써는
1로 단수, 백이 A로 이

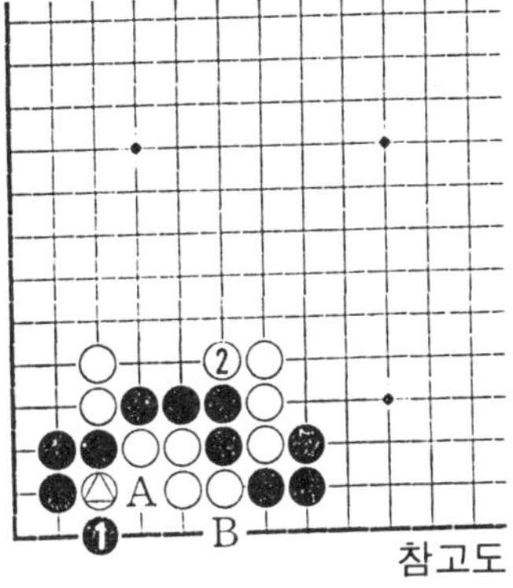

참고도

으면 흑B로 이기는 것이 보통일 지도 모른다. 그러나 △
의 한 점은 서로 싸우기에서는 지엽이어서 백에 2로 놓
여서는 안된다.

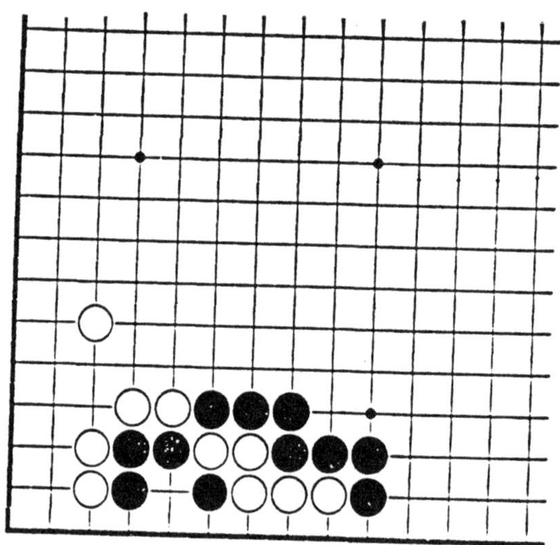

제 10형

## ○제 10형 흑선

좌하의 흑 네 점과 우하의 백 다섯 점과의 싸움이다.

흑으로써는 이 싸움에서 이기려면 어떻게 놓으면 좋을까?

### 1도(눈을 갖는다)

'눈모양 있고 눈모양 없음을 당(唐)의 서로 싸우기' 라는 격언을 알고 있을 것이다.

이것은 흑1로 눈모양을 가지고 가는 것이 좋다는 것이다. 그 외의 수로는 이길 수 없다.

예를 들면, 이 1로 간단하게 백A로 공배를 메꾸는 것으로는, 백에 B로 단수되어 간단하게 지게 되는 것이다.

또 흑1에서 B로 내리면 백에 1로 놓여져 역시 안된다.

그러면 흑1로 이기고 있는 것을 확인해 보자. 이어서—

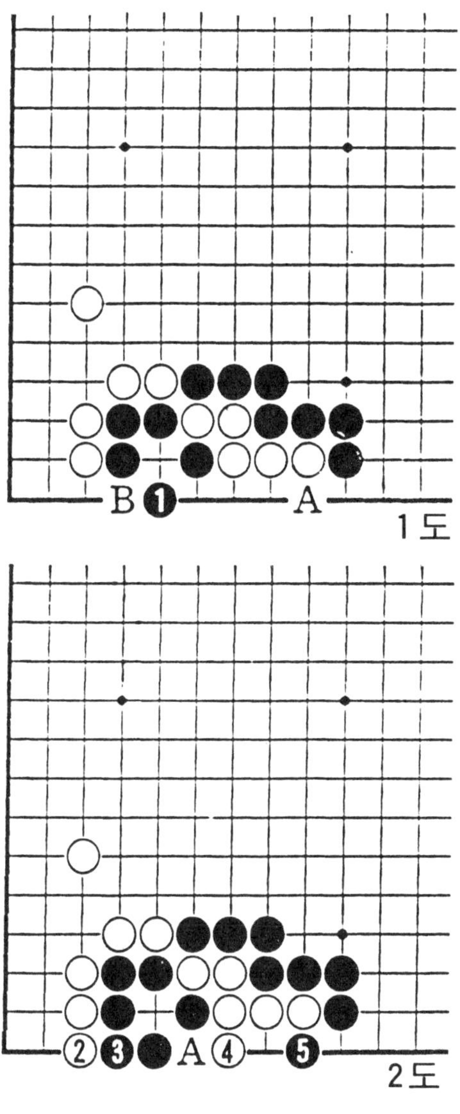



**2도**(미는 수 없다)

백2로 내려주면 흑3으로 단단하게 받고 있다. 이어서 백4로 내린 때에 흑5로 젖히는 것이다. 이것으로 백은 A로 끼워넣을 수 없다.

이 제10형의 형은 비교적 단순한 형을 하고 있으므로 이해하기 쉽겠지만, 큰 싸움이 되면 판단이 어려운 경우가 있다. 그런 경우에는 우선 한 눈을 갖는 일을 생각하는 것이 현명할 것이다.

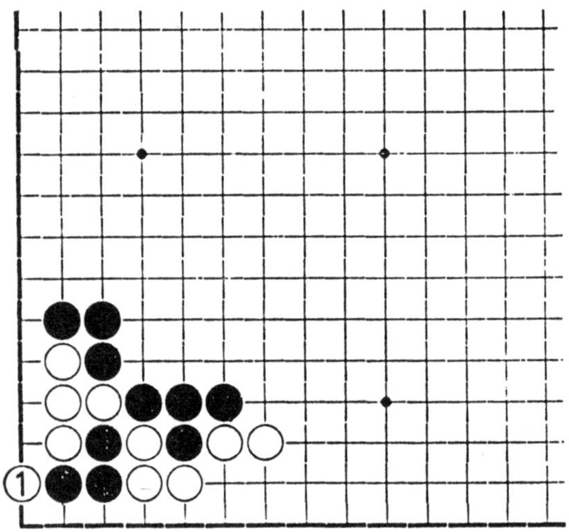

제11형

○제11형 흑선

이것도 서로 싸우기에서는 자주 나오는 형이다.

백이 1로 젖혀갔다. 이것으로 흑의 공배는 두 개, 백의 공배가 세 개이므로, 백의 낙승으로 보인다.

그러나 흑에게 좋은 수가 있어 간단하게는 지지 않는다.

다만 백에게도 멋진 맥이 있으므로 무조건적으로는 되지 않는 것이다.

1도(수단)

'2·1에 수 있다'라는 격언이 있다. 흑1은 2·1의 급소이다.

여기에서 백도 2로 던져넣는 강렬한 맥이 있어 흑에게 지지 않는다. 백4까지가 되어 패이다(다음에 흑은 A로 끊고, 백 패를 취한다).

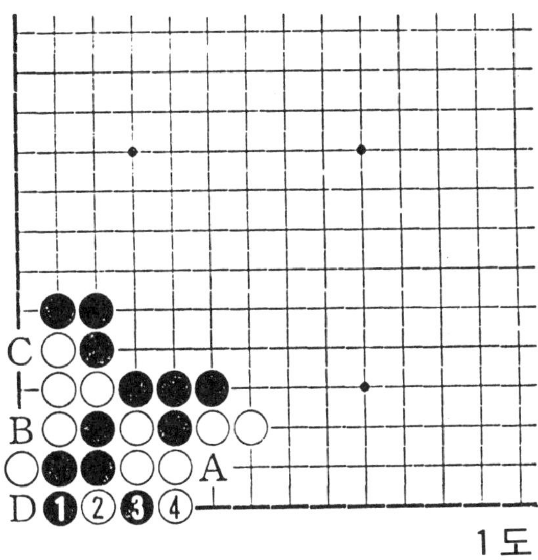

1 도

또 백 B의 잇기는 언제라도 흑 C로 놓여져, 백 D로 끼워넣지 않으므로 싸움에는 관계 없다.

◻ 쳐들어가기에 주의

**참고도**(미는 수 없다)

그러면 백이 어째서 1도 2와 같은 수를 필요로 하는 것일까. 즉 그 백 2로, 이 그림과 같이 단순하게 2로 내리면 흑 3으로 쳐들어가 백 A로 단수되지 않기 때문이다.

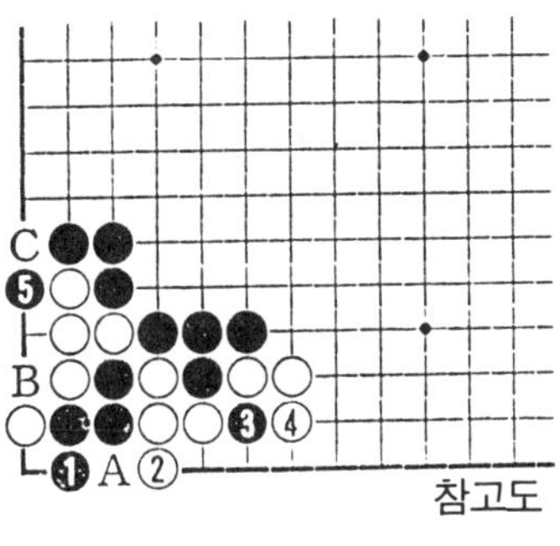

참고도

그 결과 흑 5로 젖혀져 백과의 싸움에서 진다. 다음에 백 B의 잇기라면 흑도 C로 잇는다.

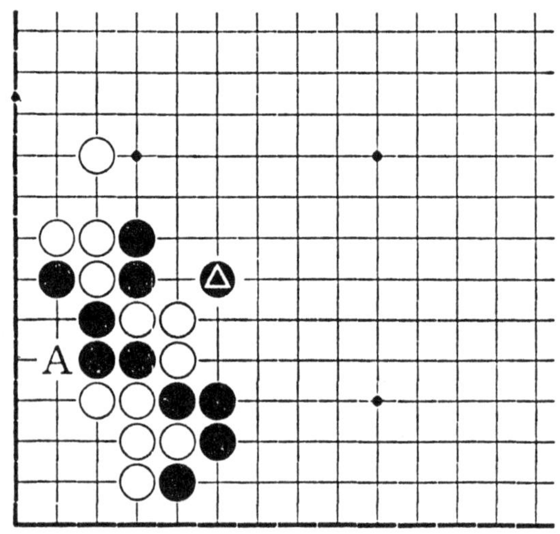

제12형

○제12형 흑선

흑은 ●에 걸쳐 백 세 점의 움직임을 막고 있으나, 잡을 때까지는 아직 3수 걸린다.

한편 왼쪽의 흑은 백부터 A로 단수되면 곧 성공이다.

그러므로 서로 싸우기에서 이기기 위해서는 연구가 필요하다. 생각해 보도록 하자.

1도(맥)

흑1로 젖히기를 살린다. 백에게 2로 대응하게 하고, 천천히 흑3으로 공배를 메꾸면 좋은 것이다.

백이 A로 끊어주면 흑B이고, 또 B끊기라면 흑A, 아뭏든 한 수 승이 된다.

이 맥은 서로 싸우기의 수수를 늘리는 방법으로써 매우 활용도가 높은 것이다.

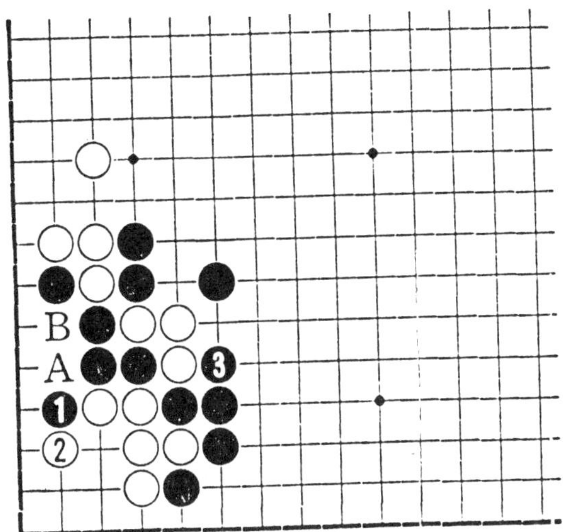

1도

따라서 꼭 머릿속에 넣어두는 것이 좋다.

◻ 고집은 금물

참고도 (이을 여유는 없다)

1도의 흑3이 중요하다. 고집을 부려 이그림과 같이 흑1로 이으면 백2의 젖히기가 이제까지 강렬한 맥으로 혹의 패가 되어버린다. 오른쪽

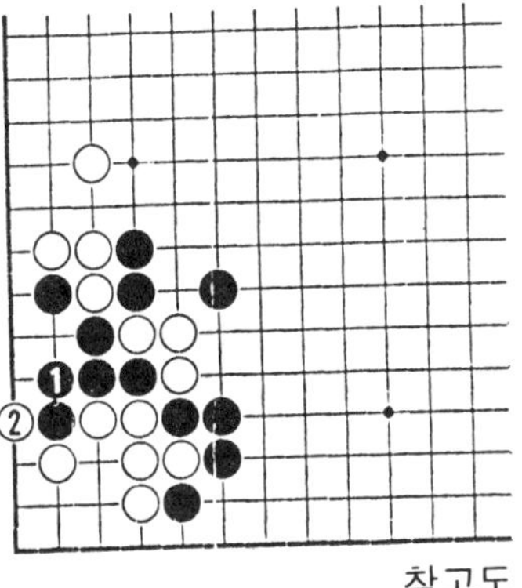

참고도

의 세 점만을 잡으면 되는 것이므로 지엽의 돌까지 살리려는 욕망은 버리는 것이 중요하다.

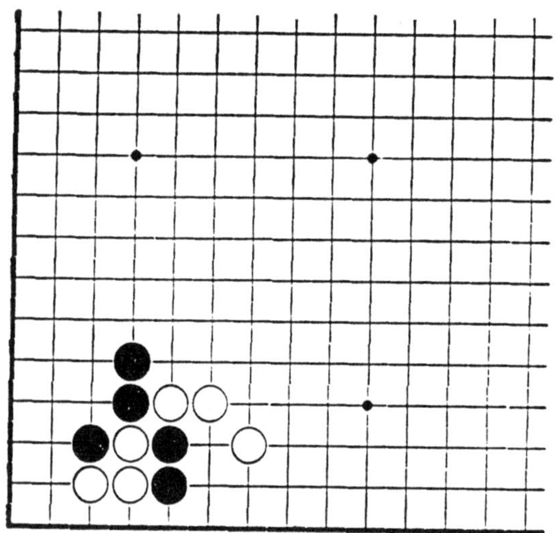

제13형

## ○제13형 흑선

구석의 특수성을 이용한 서로 싸우기의 수수 문제이다.

이것은 변화가 상당히 어려운 것이기 때문에 몇 번이고 바둑판에 돌을 늘어놓아 단단히 외워두어야 한다.

**1도**(맥)

우선 제1탄은 흑1의 2단 젖히기이다. 흑2로 늦추는 것으로는 백이 1로 들어와 서로 싸우기에서 이길 수가 없다.

백2의 끊기에는 흑3으로 잇고, 그리고 백4의 단수에 흑5로 내리는 것은 중요하다. 이것만 기억해 두면 나머지는 비교적 간단하다.

백6에 흑7로 젖히고 백8로 두 점을 잡게 하고, 다음 그림——

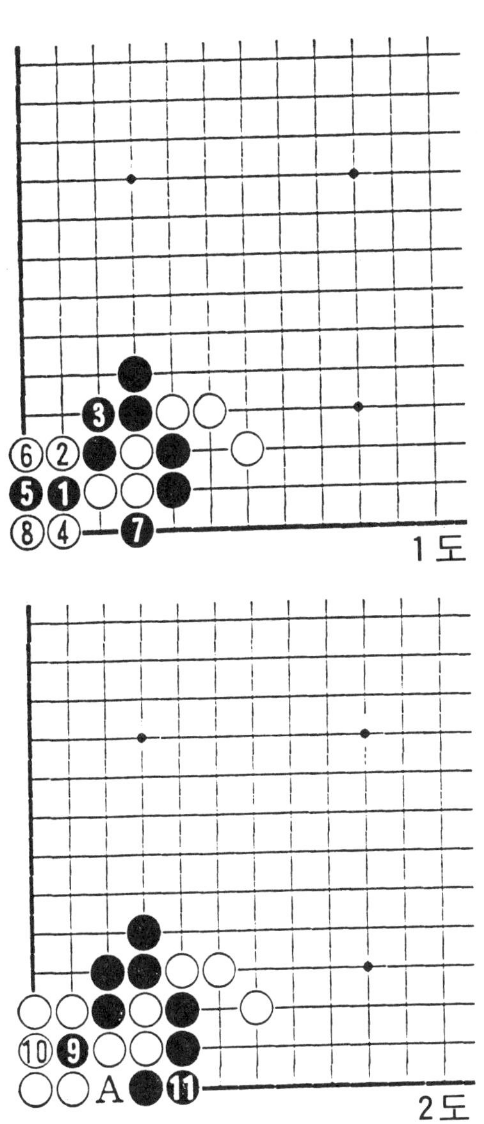

1 도

2 도

**2도**(한 수 승)

여기에서 흑 9로 놓는 것이 역시 맥이다.

백은 공배 막힘으로 A로 이을 수 없다. 어쩔 수 없이 백10으로 취하면 흑11로 놓아 서로 싸우기는 흑의 승이 된다.

**석탑**

이 1도 흑 1·5로 두 점으로 버리는 형을 일반적으로 '석탑'이라고 부르고 있다. 조일 때 등에 자주 사용된다.

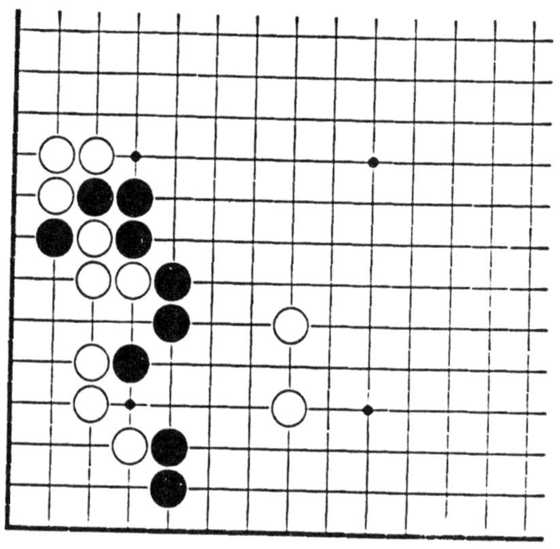

제14형

## 19. 되놓기의 맥

○제14형 흑선

드디어 재미있는 되놓기로 들어간다.

이것은 바둑을 처음 외울 때 최초로 배우는 맥의 하나이
므로 이미 여러분은 졸업했을 지도 모른다.

백의 형의 결함을 찾아보자.

**1도**(맥)

흑1로 갈라넣기가 성립했다. 만일 백2로 대응하면 흑
3으로 끊어 되놓기가 되는 것이다.

또 이 맥을 간파하여 백2에서 백3으로 한 점을 이으
면 흑은 2로 붙여내어 간다. 공배 막힘 때문에 백A로 절
단할 수 없다.

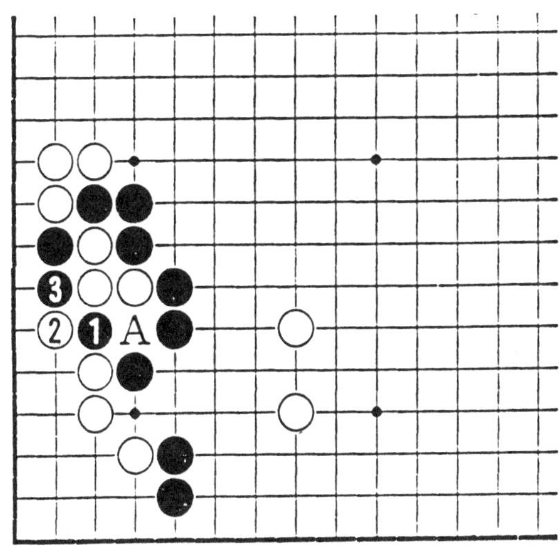

１도

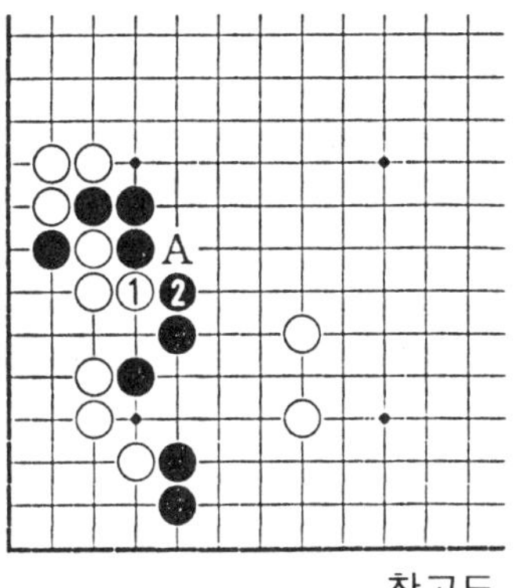

참고도

◇ 공배 막힘에 주의

**참고도** (목을 조이는 수)

제14형과 같이 백에 수
단이 생긴 원인은, 예를
들면, 이 백1로 내는 수
를 놓은 것이다.

초보자는 A의 끊기만
큼 이런 수를 놓는 것인
데, 그것은 동시에 자신
의 목을 조이는 일이 되는 것이다. 주의하기 바란다.

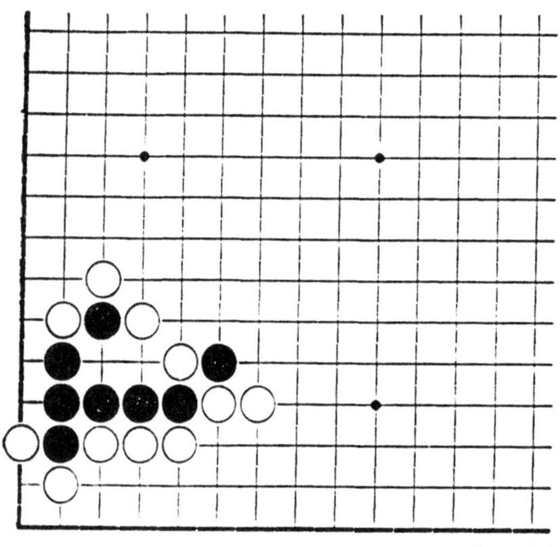

제15형

○제15형 흑선

한번 보고 '아아, 이 맥이구나' 하고 아는 사람은 상당한 실력이다.

왼쪽의 흑이 핀치인데 어떻게 구출하는 수는 없는 것일까?

1도(맥)

흑1에서 단수하는 것이 정해이다. 만일 백2로 이으면 흑3으로 되놓는 것이다.

매우 간단한 맥이지만 그래도 실전이 되면 못보는 사람이 적지 않다.

그러면 흑1에서 2로 단수, 백1로 잇게 하여 흑A로 끊는 패──라고 생각하는 사람은 없을까. 실전에서는 이렇게 놓는 사람 쪽이 많은 것 같다.

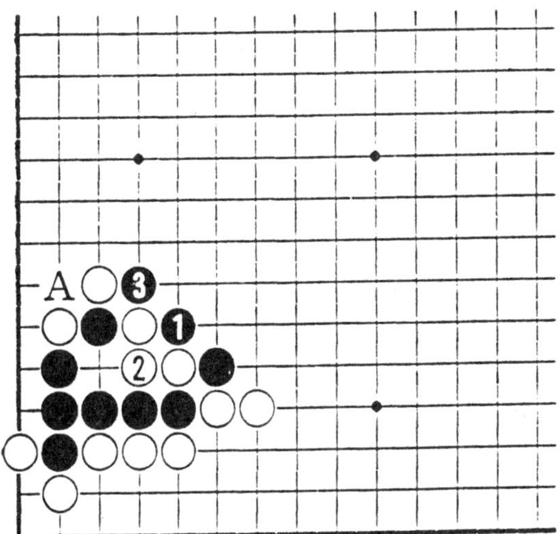

1도

그러나 무조건 쳐부
수는 것을 좋아할 필요
는 없다.

◻️실수에 주의

참고도 (단단한 것만이
능사가 아니다)

가장 단순한 미스는 이
흑1의 잇기이다.

백이 만일 2로 이으
면 흑A로 끊어 —— 라
고 생각할 지도 모르지
만, 다음에 백B로 단수

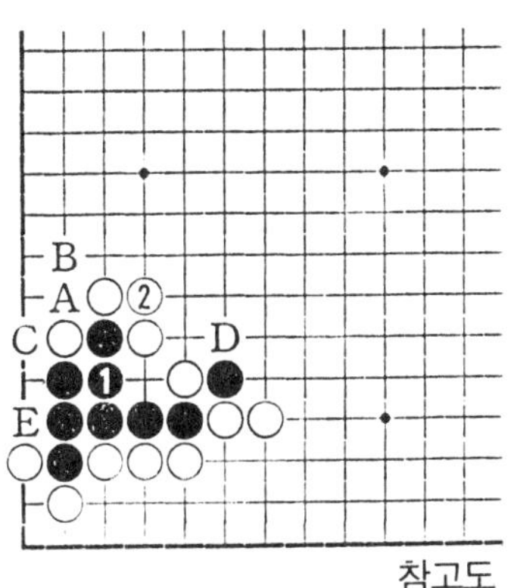

참고도

되어 흑C 때 백D로 안으면 흑은 후수에서 E로 살리지
않으면 안된다. 이것으로는 물론 실패이다.

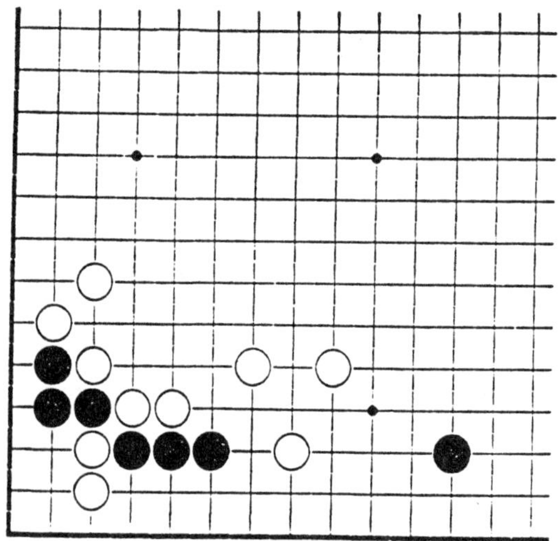

제16형

## 20. 조이기의 맥

○제16형 흑선

흑은 각각 세 점으로 분단되어 도저히 환생할 수 없을 것 같이 보일 지도 모른다.

그러나 어느쪽이든 세 점만 포기하면 이 국면을 타개할 수가 있다.

그러면 어떤 수단인 것인가?

1도(맥)

구석은 흑A로 놓아도 백B로 살 수가 없다. 그러므로 흑1로 끊고 흑3으로 걸치는 것이 좋은 조이기 맥이다.

또 흑1에 대하여 백2 잇기에서 C로 단수하는 것은 흑에 2로 잡히고, 백D에도 흑으로 이어져 안된다. 백에게 많은 결점이 남아 보수할 수가 없다. 흑3에 이어서——

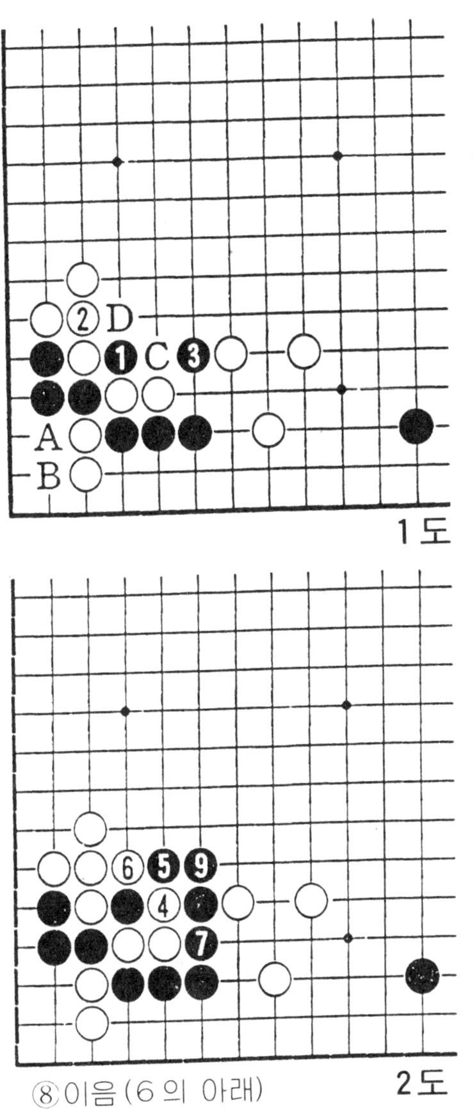



⑧이음 (6의 아래)



**2도** (백이 얇아진다)

백은 **4**로 도망치는 한 수. 혹**5**로 조이는 형으로 가져간다.

백**6** 이하 혹 **9** 까지가 되면 이제까지와는 반대로 주위의 백쪽이 얇아져 간다.

나중에 보수하기 위해 고생해야 하는 것은 오히려 백쪽일 것이다.

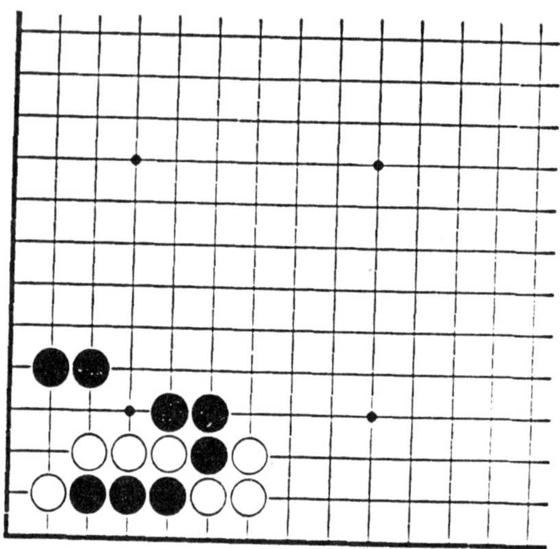

제17형

## ○제17형 흑선

조이기 또는 메꿔 붙이기 라고 불리우는 맥을 놓을 수 있게 되면 상당히 기분이 좋다.

상대편에서 보자면 조여질 때의 고통은 각별할 것이다.

1도(맥)

흑1의 쳐들어가기가 맥이다. 백은 2로 단수하는 수인데, 그때 흑3으로 내린다. 이것은 앞에서 나온 석탑이라고 불리우는 맥이다.

흑5로 메꿔 붙이고 백6으로 잡게 하여——

2도(서로 싸우기의 승)

흑7로 놓는 것은 상용의 맥이다.

이렇게 해서 흑9의 단수까지 메꿔 붙이기를 선수로 놓을 수 있으면 그것으로 충분하다. 이 경우는 흑● 한 점

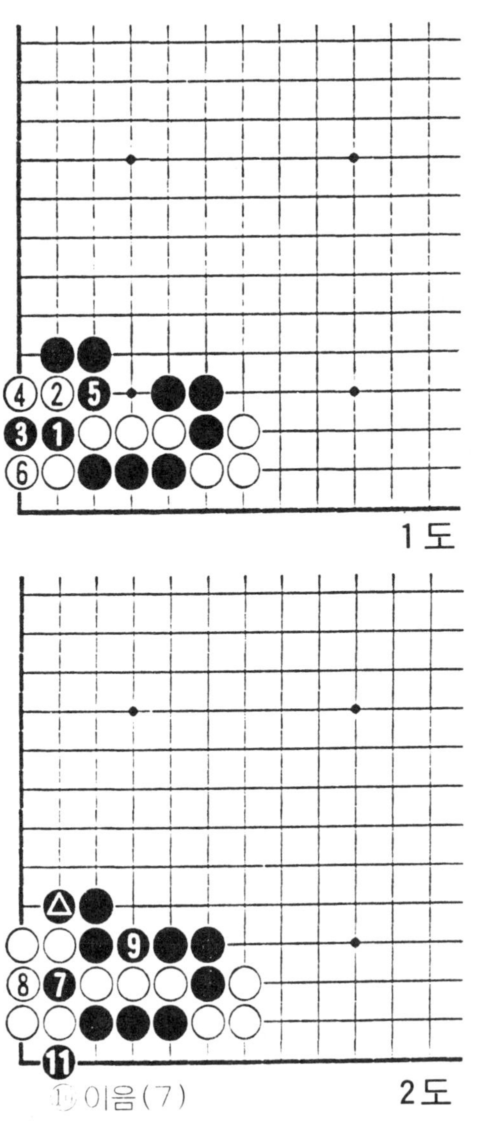

1 도

2 도

① 이음(7)

이 이미 있기 때문에 흑11로 단수, 서로 싸우기에서 이기게 된다.

　이상과 같이 쳐들어가기에서 메꿔붙이기로 가는 맥은 상대의 돌을 경단형으로 가져가는 효과도 있지만, 무엇 보다도 메꿔 붙인 쪽의 돌이 매우 두꺼워진다는 점에서 좋은 것이다.

　그런 겨냥을 감추고 놓을 수 있게 되면 이미 초급의 범위는 완전히 졸업한 것이다.

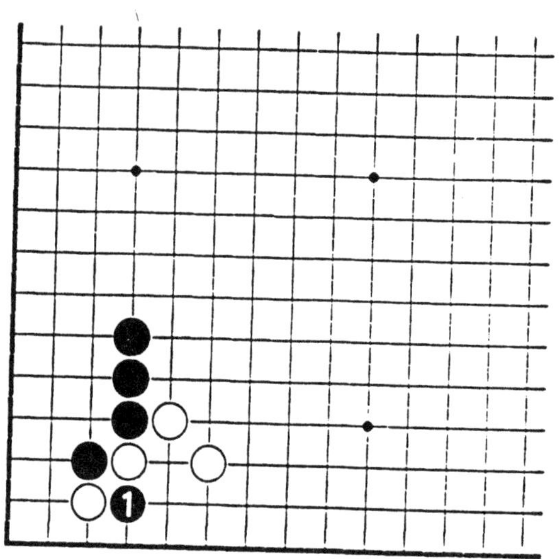

제18형

## 21. 패의 맥

○제18형 백선

드디어 기본의 맥 마지막이 되었다. 여러분이 어려운수라고 말하는 패의 맥이다.

그러나 패는 사용하는 법에 따라서 이것만큼 신뢰할 수 있는 전술은 없는 것이다. 패 겨냥을 감추고 몰래 패 재료를 만드는 데 전념하다가 결국 상대를 쓰러뜨리는 것이다. 이만큼 통쾌한 것은 거의 없다.

흑1에 대해 백은 어떻게 대응할 것인가—— 하는 것이 기본적인 질문이다.

1도(맥)

백2로 패에 대응하는 한 수이다. 백A로 이어 흑에 B

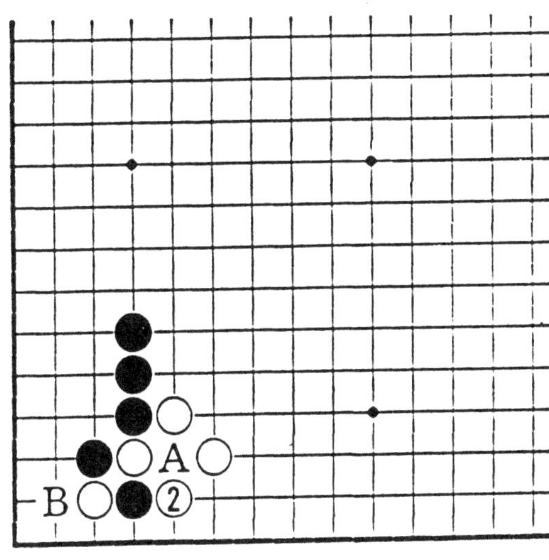

1도

로 안기게 되면 그만큼 바둑은 지게 된다고 말해도 지장은 없을 것이다.

◇ 패를 두려워하라

**참고도** (백을 안정시킨다)

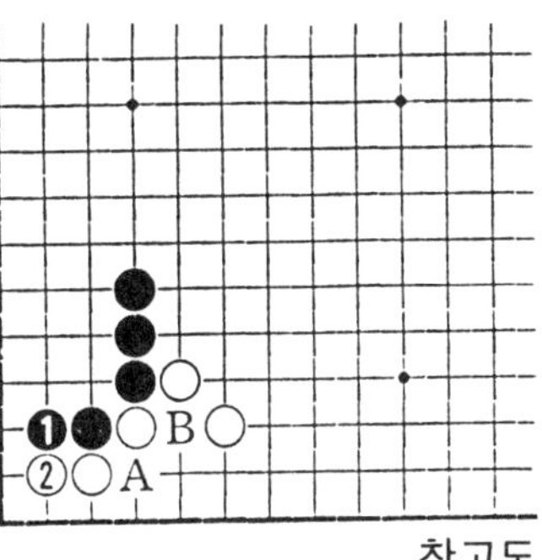

참고도

1도의 백2의 패를두려워하여 **제18형**의 혹1 끊음을 이 그림과 같이 혹1로 늦추는 사람이 있다. 이런 수를 놓을 정도라면 오히려 놓아두는 편이 나을 지도 모른다. 백2로 뚱인 다음 혹A로 끊어도, 이번에는 백에 B로 이어져 수가 되지 않는다.

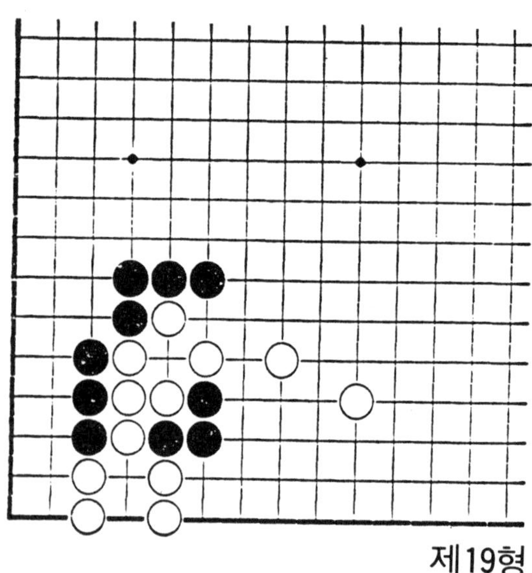

제19형

○제19형 흑선

매우 기묘한 형이 되어 있다.

백은 메꿔 붙여진 것일 것이다. 이런 경우에 흑은 어떻게 놓아야 하는가 하는 것이 테마이다.

1도(놓기)

우선 흑1로 놓는 것이 수순이다.

만일 백2에서 A로 이으면 흑B의 젖혀넣기가 선수가 되어 간단하게 수가 된다. 백2의 취하기는 어쩔 수 없다.

이어서——

2도(패 싸움)

흑3으로 젖혀 넣기부터 가져가는 것이 좋은 맥이 되는 것이다. 백4의 단수에 흑5로 끊는다.

이렇게 되면 백은 A로 한 점을 빼는 한 수이고, 흑은 B

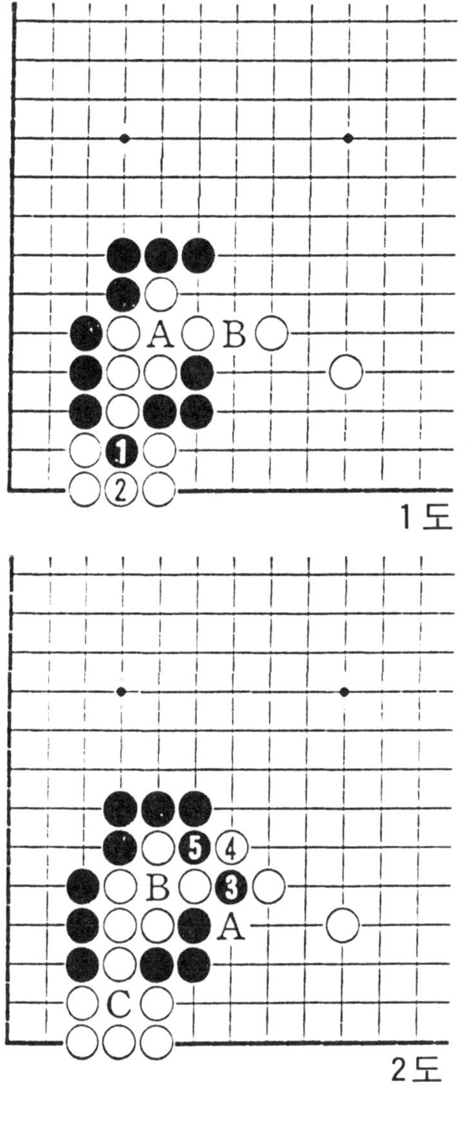

1 도

2 도

로 취하는 패이다. 백이 만일 C에 이으면 흑3으로 취하는 패이지만, 이 부담은 아마 백쪽이 클 것이다. 지면 전멸이 되어버린다.

그러면 흑3에서 어째서 5부터 단수하지 않는 것일까?

그렇게 되면 백B로 잇지 않고, 백3으로 이어져 버린다. 이어서 흑B로 취해도 백C 잇기로 수가 되지 않는다. 흑3이 맥인 까닭이다.

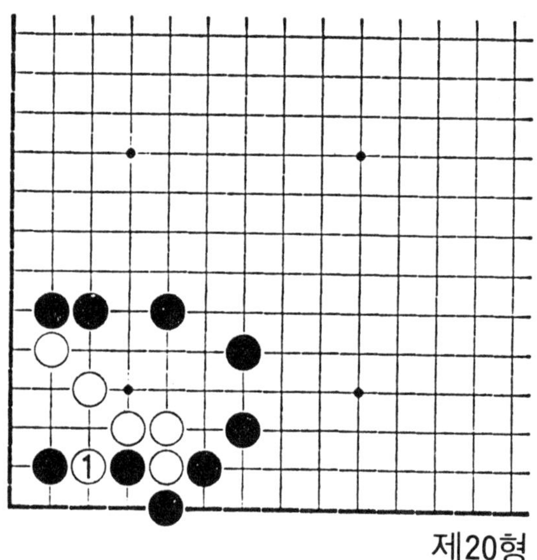

제20형

○제20형 흑선

구석의 백이 핀치이다.  1의 단수는 필사의 저항이다.
이것에 대하여 흑은 어떻게 대응해야 하는가?

1도(맥)

흑1로 패에 버티는 참이다.  이어서 백A로 취하게 되
는데, 이것은 흑에게 있어서 편안한 패이다.

만일 흑이 패에 져 백B로 빼어져도 피해는 매우 적다.

그러나 백이 패에 지면 전멸해 버린다.  백에게 있어서
는 필사의 패가 되는 것이다.

그러나 이 정도나 흑에게 있어서 편안한 패임에도 불구
하고 패를 피하려는 사람이 있다.  패에서 실패하는 것을
두려워하는 것이다.

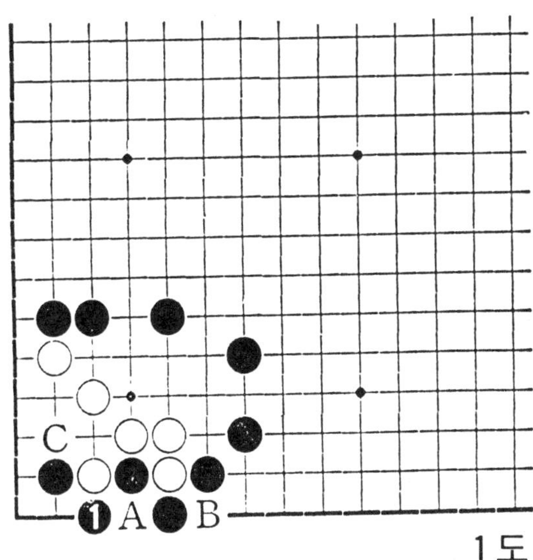

1 도

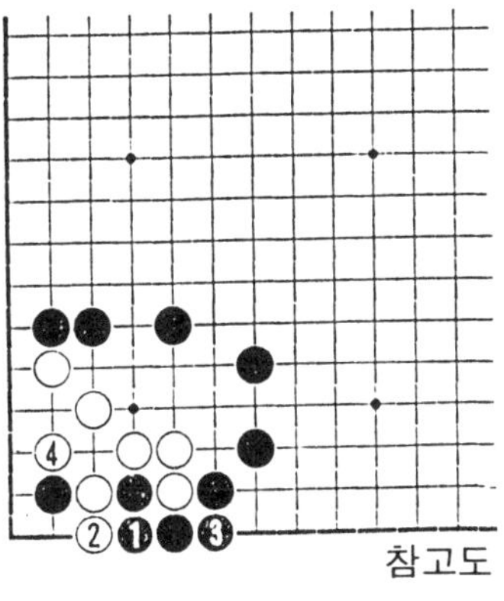

참고도

◇소극적

**참고도**(상대를 안심시
킨다)

이 정도로 유리한 패
의 찬스를 잡고 있으면
서 단지 패가 두렵다 —
라는 이유만으로 흑1로
이어 버리는 사람이 있
다.

백4까지 놓게 하는 선수이므로 좋다 하는 생각인지는
모르지만 그런 식으로는 좀처럼 실력이 늘지 않는다.

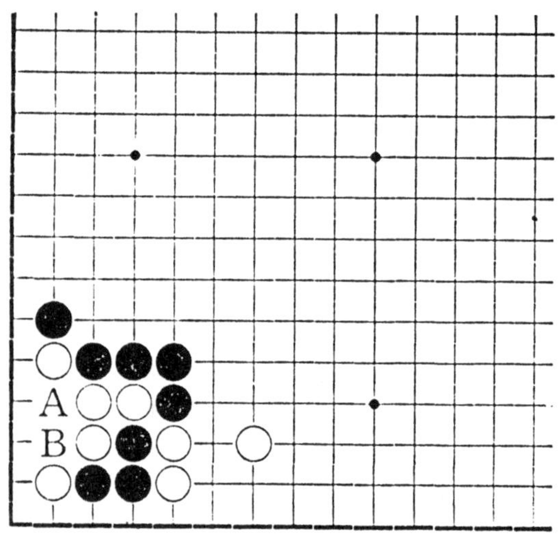

제21형

○제21형 흑선

아래쪽의 흑 세 점은 이미 어떻게도 되지 않는다. ——
라고 포기하는 것은 빠른 계산이다.

무엇인가 좋은 수가 있는 것인가? 흑A로. 안고 백B가
되는 정도의 수는 있으나, 그것으로는 불충분하다.

1도(맥)

있다. 흑1의 쳐들어가기에서 가는 맥이다.

백2의 잇기 때 흑3부터 가져가는 것이 강렬한 맥이다.
백4로 취하는 한 수일 것이다. 백4에서 백A로 내리면
흑에 B로 젖혀져 본패가 되어버린다.

이어서 ——

2도(2단 패)

흑5로 단수하고 백6으로 취하여 드디어 패 싸움이다.

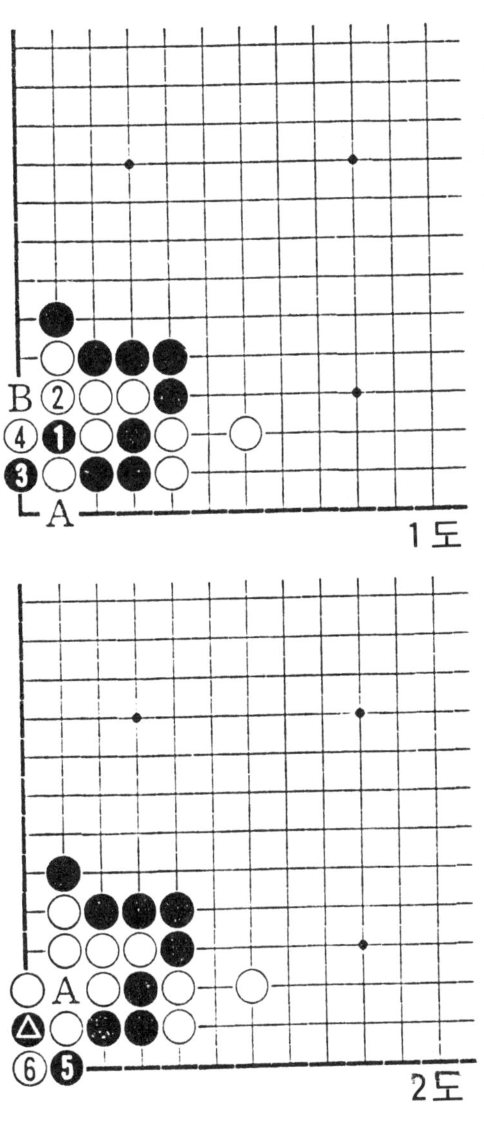

1 도

2 도

이 패는 혹이 ●로 취하고, 더욱 A로 취하여 패가 되기 때문에 2단 패라고 불리우고 있다.

백 6 때 혹은 패 세우기 차례이므로 다소 괴로운 패가 되지만 패임에는 분명하다.

무조건 잡을 수 있는 것을 생각하면 패 싸움으로 들어가는 것은 상당한 이익이 되는 것이다.

이런 패는 '져도 본전'이라는 가벼운 기분으로 싸우면 좋은 것이다.

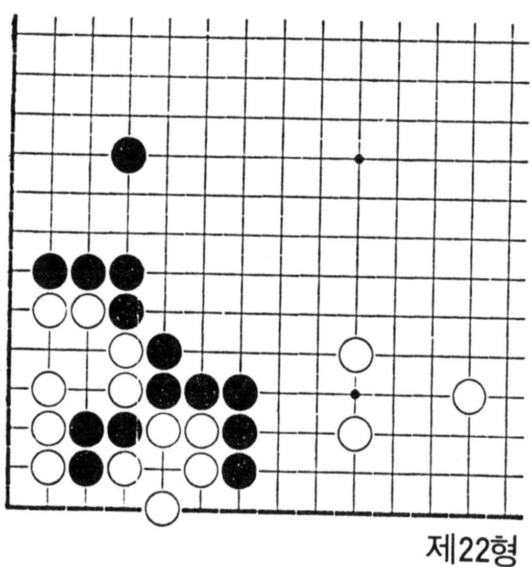

제22형

○제22형 흑선

패 겨냥으로 다른 효과를 얻을 수 있다는 놓기도 있다.
이 그림이 그것이다. 좌하 구석의 흑 세 점은 취하여져
있으나, 여기에 남겨있는 맛을 활용하는 것이다.

1도(맥)

흑1의 마늘모가 맥이다. 이것은 흑A의 패를 겨냥하
고 있다. 이 패는 흑에게 있어서는 꽃놀이 패이고, 백에게
있어서는 사느냐 죽느냐 하는 큰 패가 되어버린다.

백으로써는 패가 되게 할 수는 없다. 그래서——

2도(침략)

백2로 잇지 않을 수가 없다. 그래서 흑3으로 좌우의
백의 발판으로 침략해 가는 것이다. 이것도 실전에서 활
용도가 높은 맥의 하나이다.

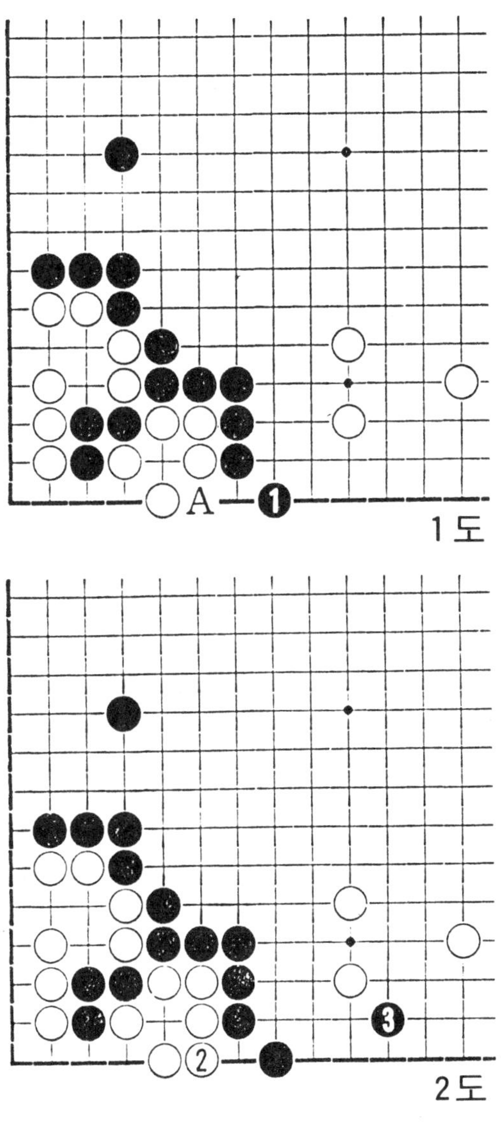

**맥과 형**

옛부터맥과 형과는 형제와도같다고 일컬어져 왔다. 맥이라는것이 돌의 관계이지만 형이라는것은 문자 그대로 만들어진 형의 일이다.

좋은 맥의 돌은 형이 좋지만, 때로는 형이 나빠도 멋진 맥이 되는 경우가 있다.

1도

2도

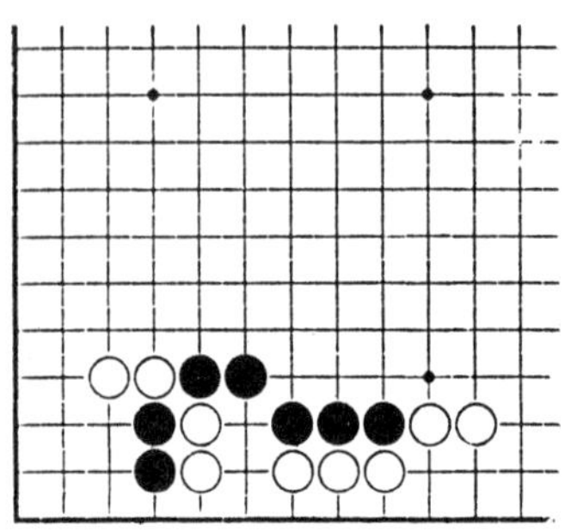

제 1 문 혹선

## ○연습문제
### 제1문 혹선
간단한 맥의 문제이다.
백의 두 점을 잡아라.

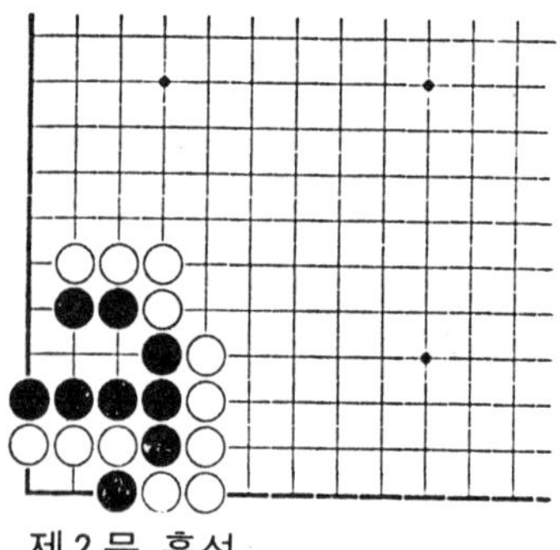

제 2 문 혹선

### 제 2 문 혹선
혹에는 아직 한 눈밖
에 없다. 살 방법이 있
을까?

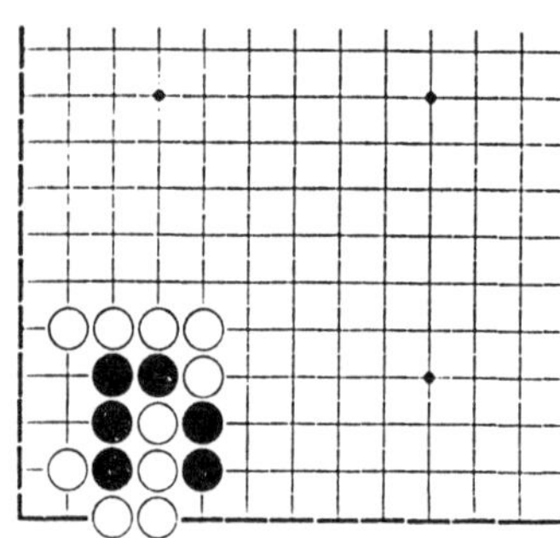

제 3 문 혹선

### 제 3 문 혹선
서로 싸우기이다. 혹은
맥으로 이길 방법이 있
다.

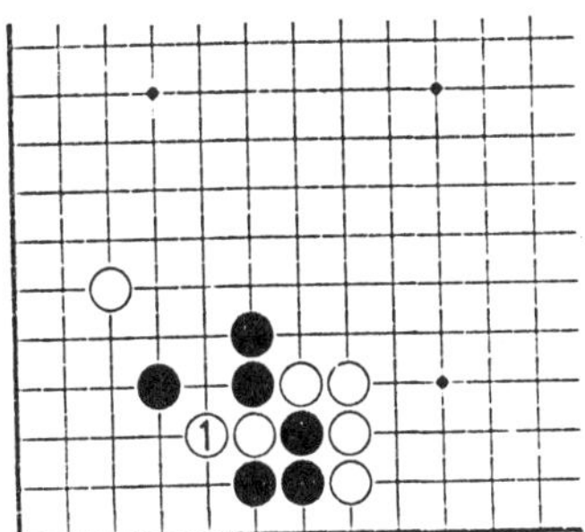

제 4 문 혹선

### 제 4 문 흑선
만일 백이 1로 뛰어낸 다면 흑은 어떻게 대치 할까?

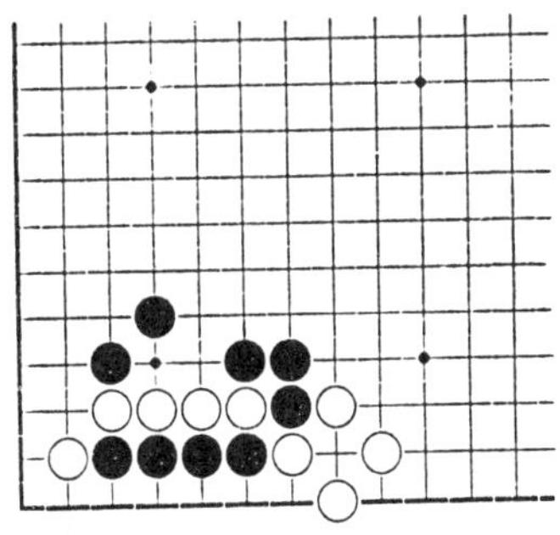

제 5 문 흑선

### 제 5 문 흑선
서로 싸우기의 문제이 다. 흑은 어디에서 어떻 게 놓아가면 좋을까?

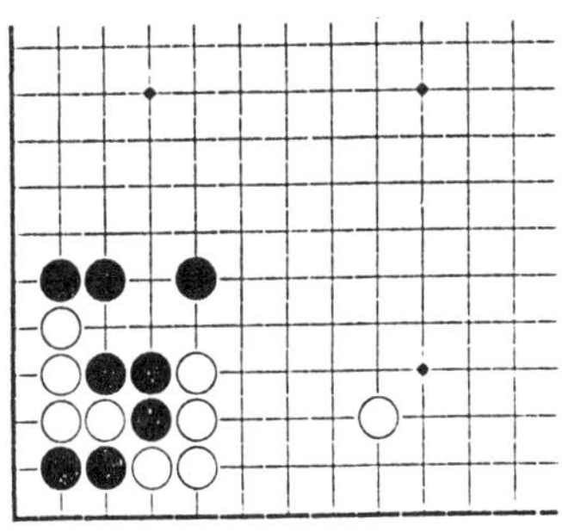

제 6 문 흑선

### 제 6 문 흑선
흑이 이기기 위한 급 소를 찾아내어라.

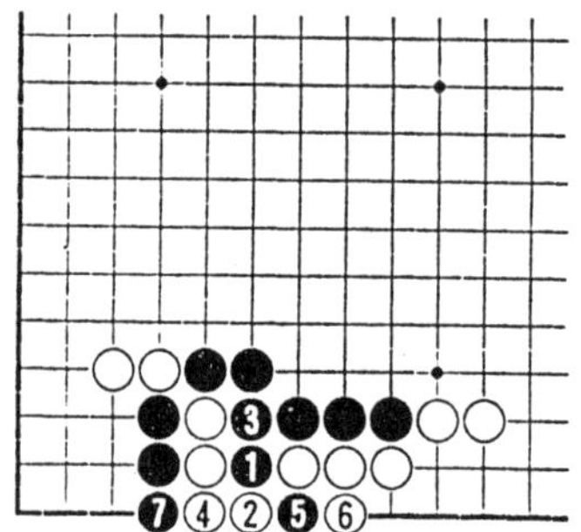

제 1 문

## ◇연습문제 해답

〔제1문〕

혹1의 갈라넣기의 맥으로 뒤의 5 놓기만 나누면 간단하게 해결된다.

제 2 문

〔제2문〕

혹1 두 점으로 해서 버리고, 1의 오른쪽에 놓으면 되놓기이다.

❸ 놓기(1의 오른쪽)

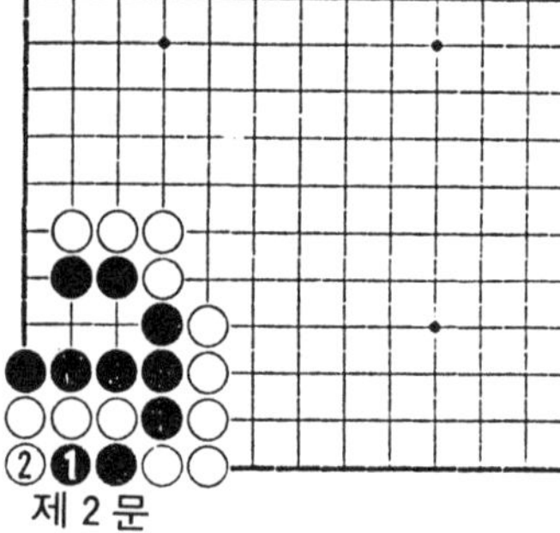

제 3 문

〔제3문〕

혹1로 넣는 맥이 중요하다. 백2로 잡으면 혹3으로 메꿔 서로 싸우기에서 이긴다.

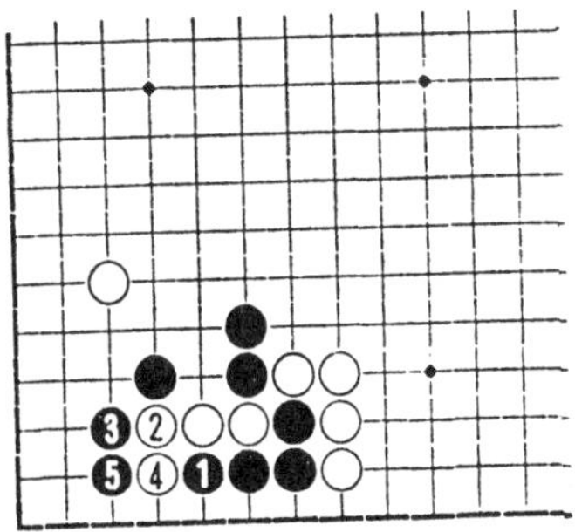

제 4 문

〔제 4 문〕
혹 1 로 지금 한 수 뻗어 3 으로 누르는 것이다. 혹 5 까지가 되면 백은 꼼짝할 수가 없다.

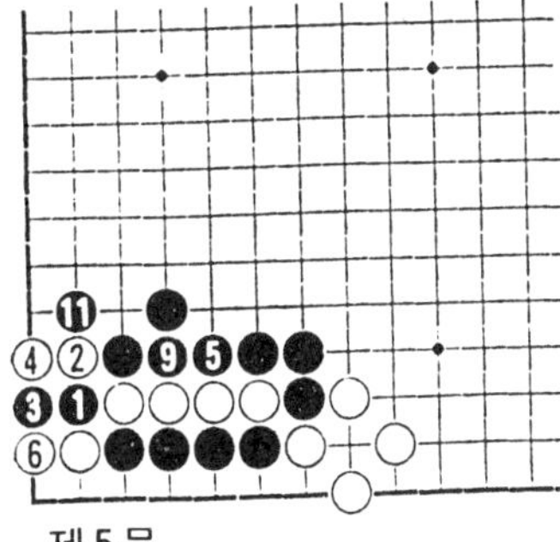

제 5 문

〔제 5 문〕
혹 1 의 쳐들어가기에서 11 까지의 맥으로 서로 싸우기 승이다.
❼(1), ⑧ 잡기(3), ⑩ 잇기(1)

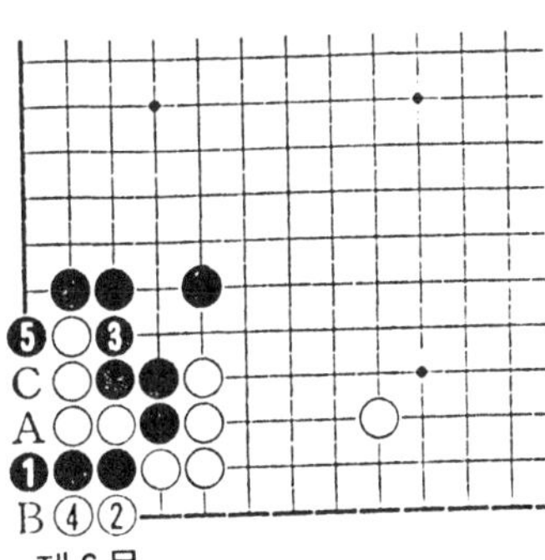

제 6 문

〔제 6 문〕
이것은 혹 1 의 내리기가 맥으로 무조건 승이다. 또 혹 1 에서 혹 A 는 백 1, 혹 B, 백 C 로 패가 된다.

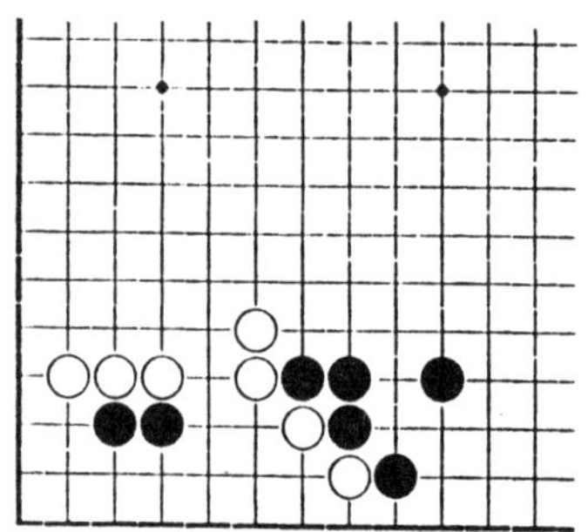

제 7 문 흑선

## ○연습문제

### 제 7 문 흑선

왼쪽에 남겨진 흑의 두 점을 구출해 낼 수 있을까?

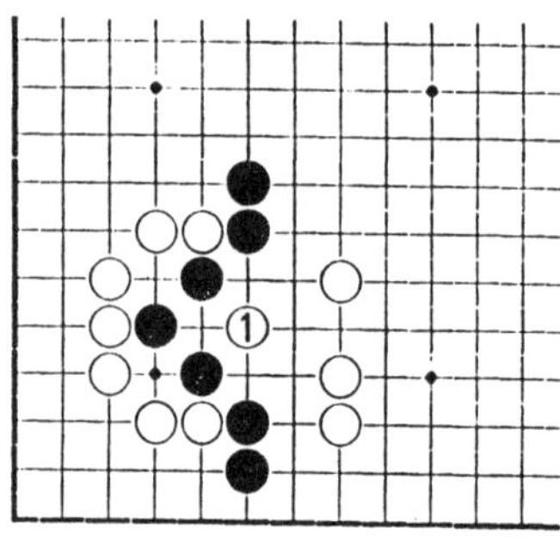

제 8 문 흑선

### 제 8 문 흑선

백이 1로 빼어갔다. 흑으로써는 상하를 연락하고 싶은 참이다.

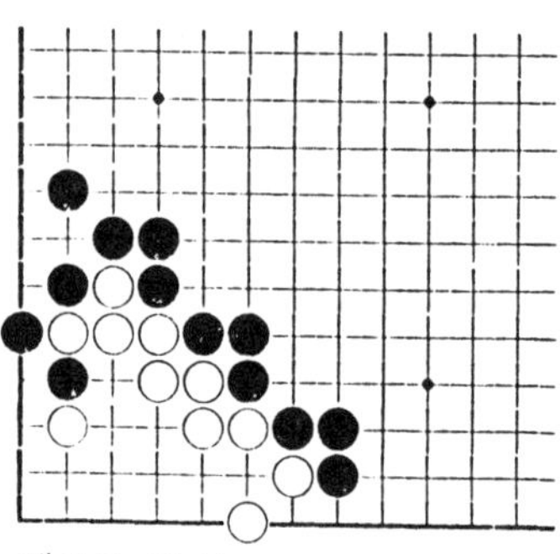

제 9 문 흑선

### 제 9 문 흑선

구석의 백의 땅을 침략하는 방법이 있다. 어떻게 놓을 것인가?

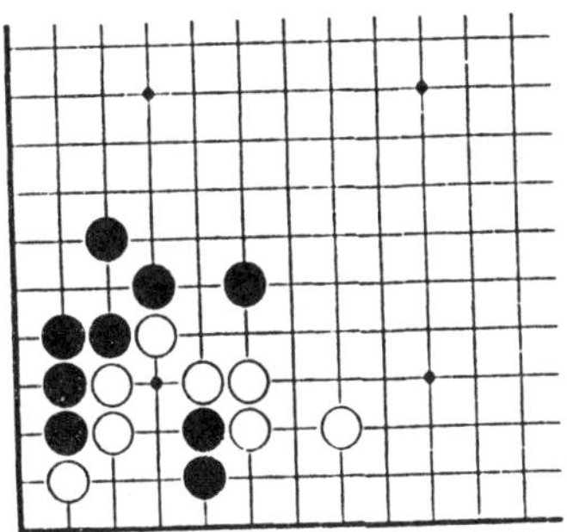

제10문 흑선

**제 10문 흑선**
　아래의 흑 두 점을 구
출하는 방법이 있다. 생
각해 보아라.

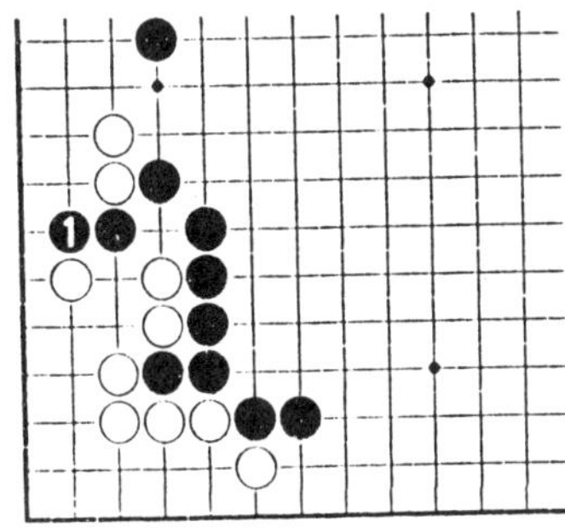

제11문 흑선

**제 11문 흑선**
　흑이 1로 차단해갔다.
백은 어떻게 대처할까?

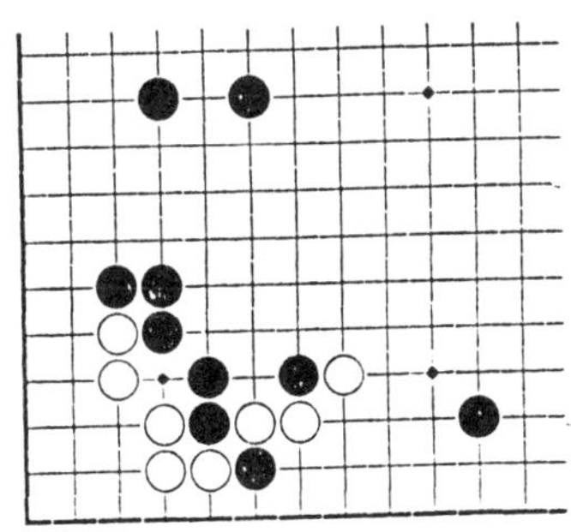

제12문 흑선

**제 12문 흑선**
　백의 결함을 찔러 흑
의 모양을 형성하라.

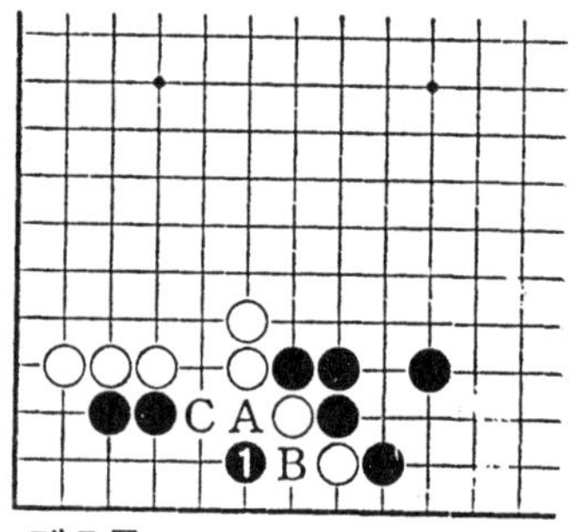

제 7 문

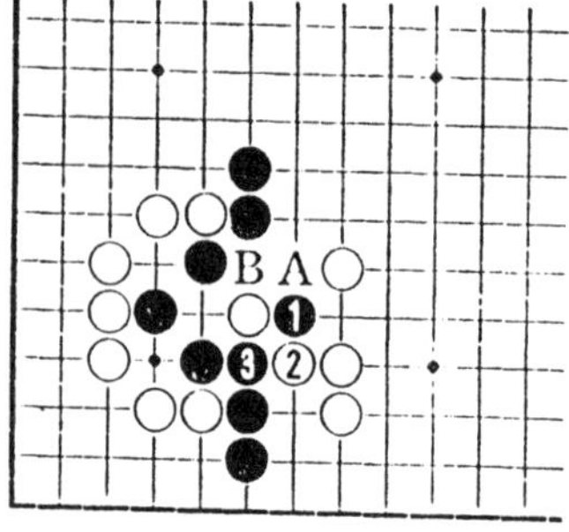

제 8 문

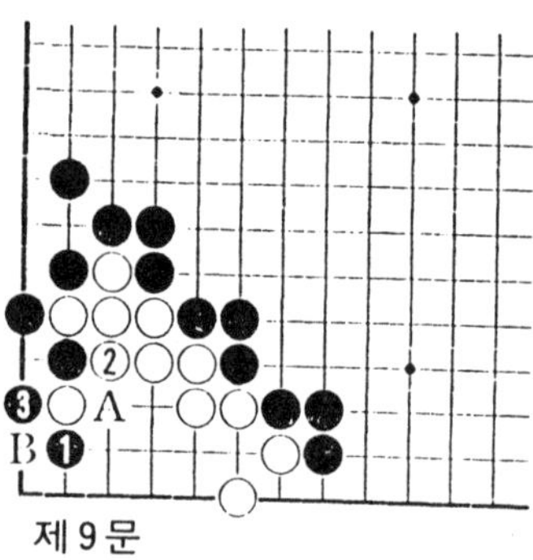

제 9 문

◇연습문제 해답

〔제 7 문〕
혹 1 의 날일자가 맥. 다음에 백 A 라면 혹 B, 또 백 B 라면 혹 A 로 건 넌다. 또 혹 1 에서 A 는 백 C 로 실패.

〔제 8 문〕
혹 1 의 붙이기가 맥으 로 백의 야망을 부순다. 백 2 에는 혹 3. 다음에 백 A 라면 혹 B 로 연결.

〔제 9 문〕
혹 1 · 3 의 패로 응수 한다. 도중에 백 2 에서 3 으로 차단하면 혹 A, 백 2 때 혹 B 로 되놓는 다.

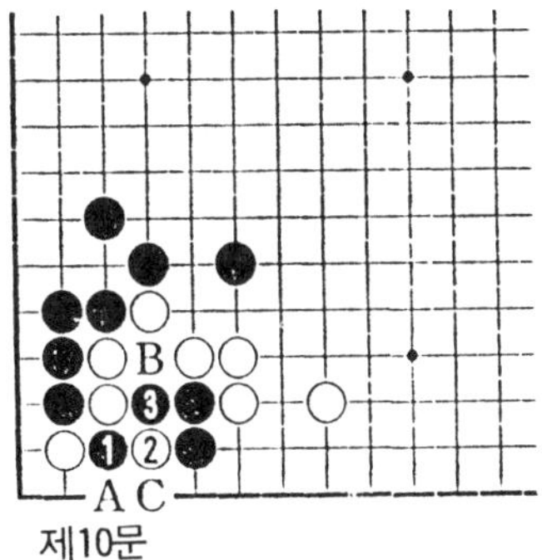

제10문



〔제10문〕
　흑1·3의 수순이 중
요. 다음에 백A라면 흑
B이다. 또 흑3에서 가
는 것은 백B, 흑1에 백
A, 흑C로 패.

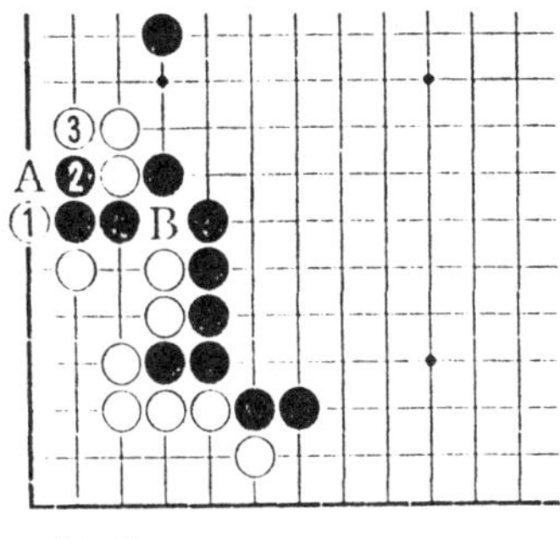

제11문

〔제11문〕
　백1로 젖힌다. 흑2
에는 백3으로 연락한다.
다음에 흑A라면 백B로
끊는다. 도중에 흑2에서
A라면 백B.

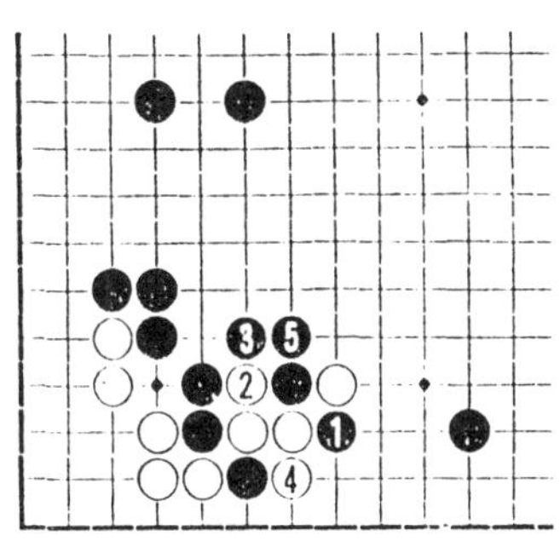

제12문

〔제12문〕
　흑1의 끊기가 강렬한
맥이다. 백2에 흑3도
강수. 흑5까지 성공이
다. 또 백4에서 5는 흑
4.

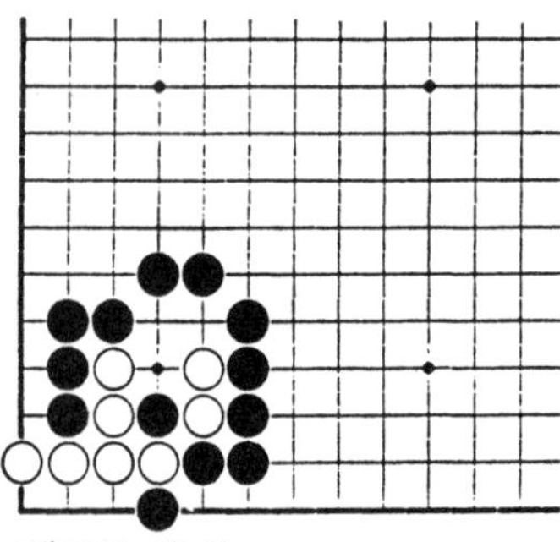

제13문 흑선

## ○연습문제

### 제 13문 흑선
백은 아직 살아 있다. 어떻게 하여 죽일 것인가?

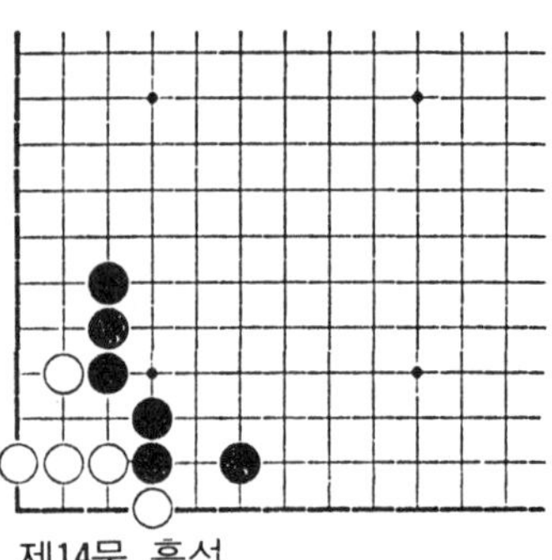

제14문 흑선

### 제 14문 흑선
백의 돌은 아직 살아 있다. 어떻게 하면 죽을 것인가?

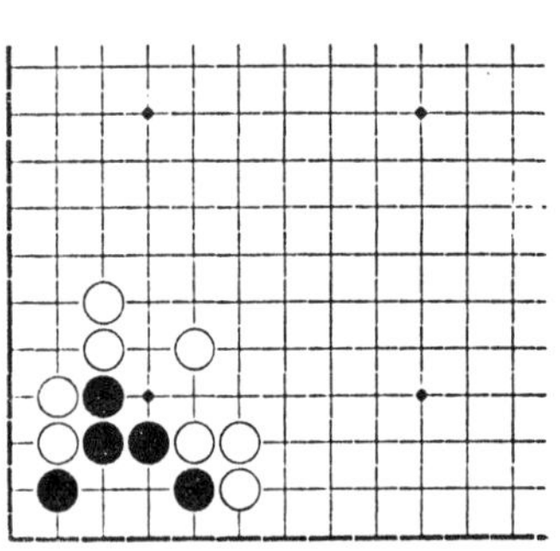

제15문 흑선

### 제 15문 흑선
흑에 살 길이 남아 있다. 생각해 보라.

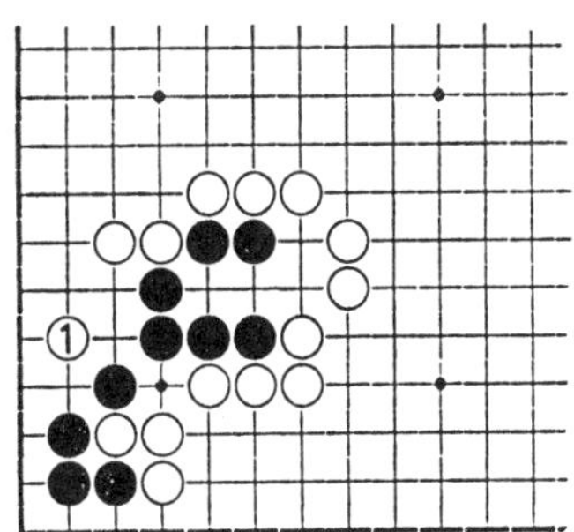

제16문 혹선

### 제 16 문 흑선
백은 1로 빼었다. 혹의 응수를 답하라.

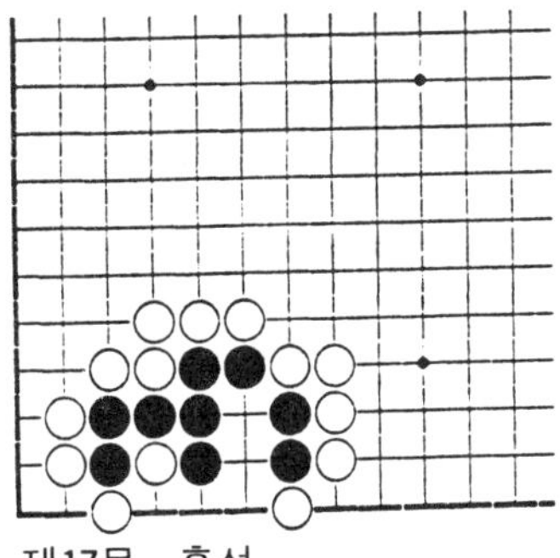

제17문　혹선

### 제 17 문 흑선
잡힐 것 같다고 해서 서둘러서는 안된다. 살릴 맥은?

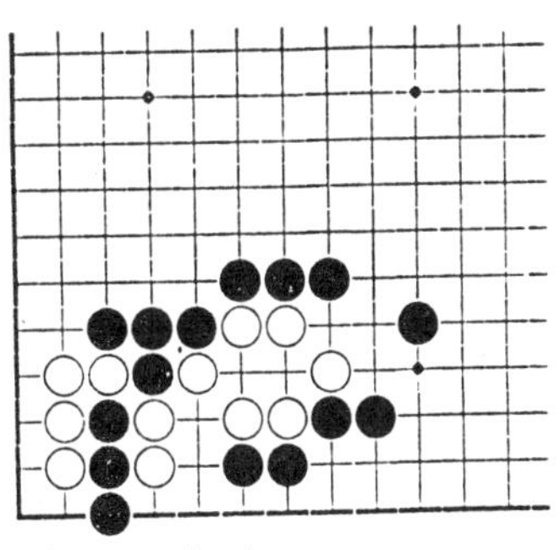

제18문　혹선

### 제 18 문 흑선
좌하의 혹 세 점은 살릴 수 없을 것 같지만 최선을 다해 보라.

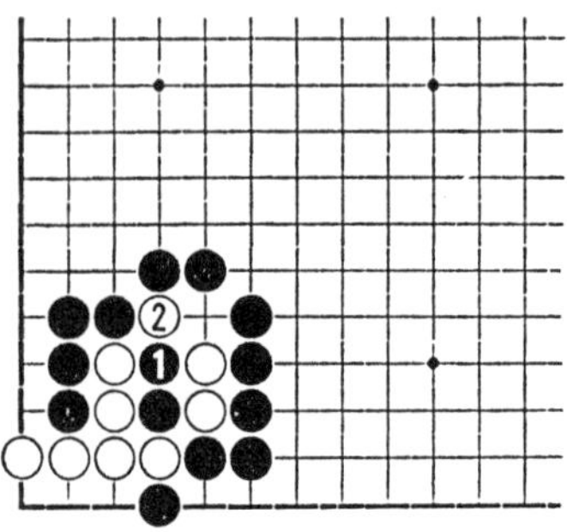

제13문

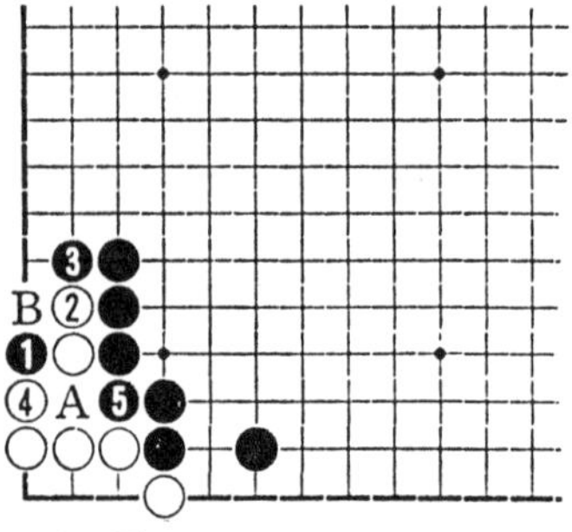

제14문

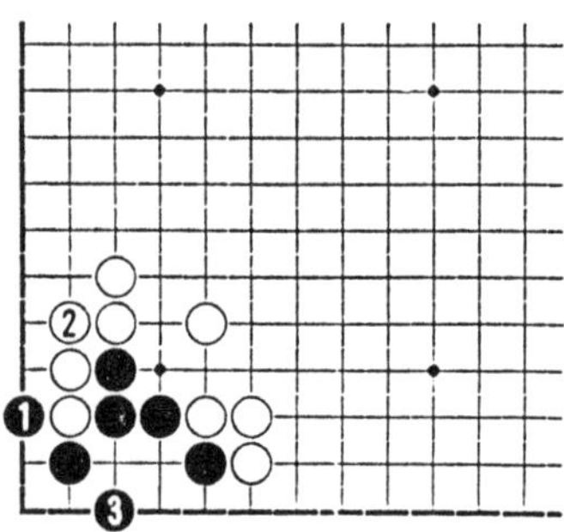

제15문

◇연습문제 해답

〔제13문〕

혹1로 두 점으로 해서 버리고, 3으로 넣는 좋은 수가 있다.

❸ 넣기(1)

〔제14문〕

혹1의 붙이기부터 가는 것이 호맥. 백2·4에는 혹3·5, 다음에 백A라면 혹B로 두 눈 불가능.

〔제15문〕

이것은 유명한 사활문제로, 혹1의 젖히기를 이용하고, 3의 맥으로 살릴 수가 있다.

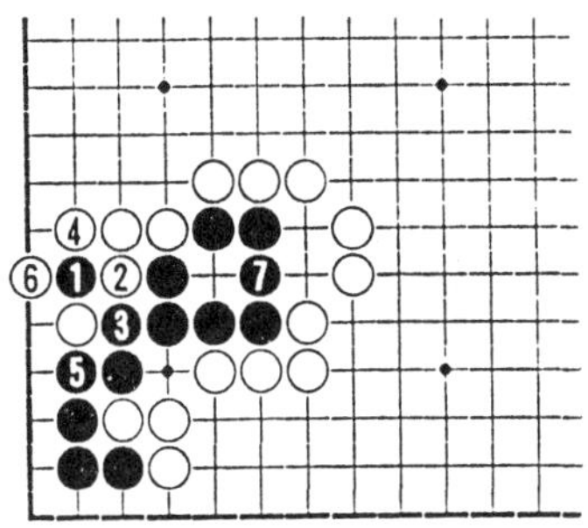

제16문

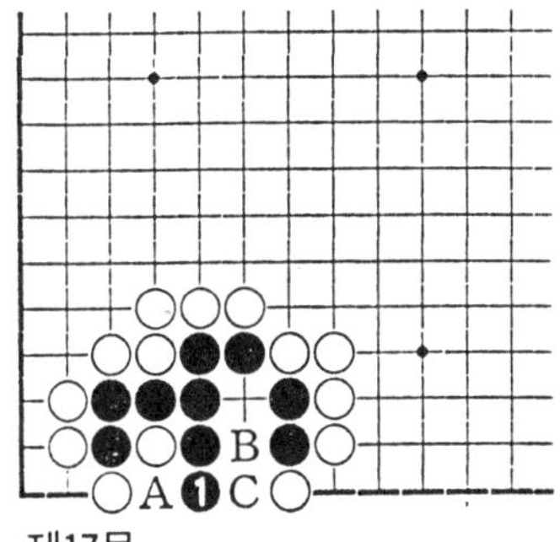

제17문

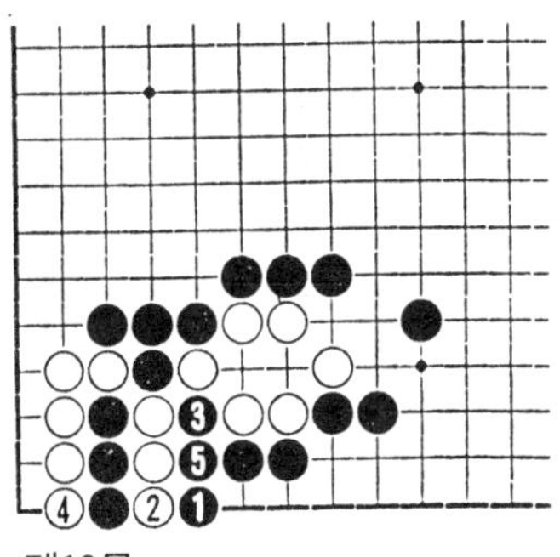

제18문

〔제16문〕
　혹1의　건너붙이기가
맥으로 선수로 백6까지
정하고, 혹7로　여기에
한 눈을 만든다.

〔제17문〕
　혹1의 내리기가 맥이
다.
　혹1에서 A의 잡기는
백B, 또 혹C로 누르면
백A로 살 수 없다.

〔제18문〕
　혹1의 마늘모가 정해
이다.
　혹5부터 가면 백3,
혹2 때 백1로 놓여 쫓
아 떨어뜨리기이다.

# 제 2 장

# 실전으로 배우는 맥

## ◈ 실전 감각을 키움에 있어

기**본** 맥을 익혔으면 남은 것은 그들을 어떻게 실전에서 연결시키느냐 하는 것이 과제이다.

그 효과를 높이기 위해서는, 우선 무엇 보다도 실전을 놓는 것이 좋다는 것은 분명하다. 그러나 무턱대고 놓아 본다고 해서 맥 감각이 활용되는 것은 아니다.

그것은 외운 맥 감각을 활용할 수 있는 돌의 형이 거의 나오지 않기 때문이다.

그러면 기본 맥을 실전에서 사용할 수 있는 공부는 어떻게 하는 것이 좋은가, 그 해결법으로써 정석을 다루어 보았다.

정석 속에는 여러 가지의 맥이 포함되어 있다. 게다가 정석은 일국에 두 개나 세 개는 반드시 놓여진다. 그런 정석을 놓는 것에 의해 그것과 관련된 맥은 항상 여러분의 실전에 도움을 줄 것이다. 몇 번이고 반복하여 사용하는 중에 극히 자연스럽게 여러분의 맥 감각은 세련되고, 이 책에서 다루고 있는 정석 이외의 정석에 대해서도 여러 가지로 맥을 구사할 수 있게 될 것이다. 이런 생각에서 이 장에서는, 특히 정석을 중심으로 한 맥 문제를 다루어 본 것이다.

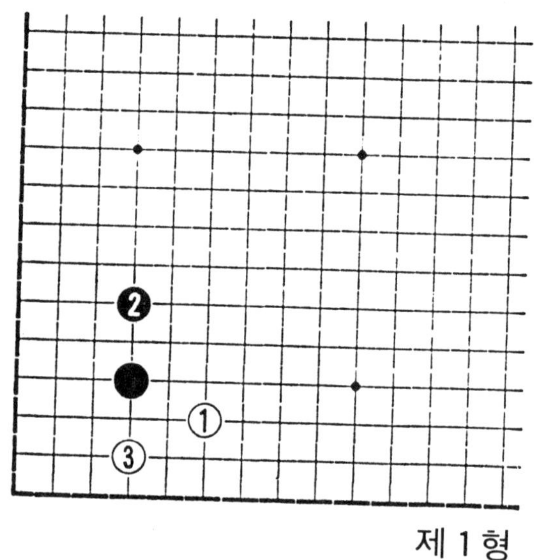

제 1 형

## 22. 화점의 기본 정석 (1) 한 칸 뛰어받기 · 날일자 닫기

○제1형 혹선

그럼 우선 화점의 기본 정석을 중심으로 해서 거기에서 파생되는 여러 가지 맥을 다루어 보기로 하겠다.

우선 백1의 날일자 걸침에 혹2로 한 칸에 받는 정석으로 들어가자.

백3의 닫기는 상법인데, 이것에 대하여 혹은 어떻게 대응하는 것이 상법일까?

1도(기본 정석)

혹1로 구석을 지키는 것이 견실하다. 이 1의 점은 쌍방에게 있어서 요소에 해당한다.

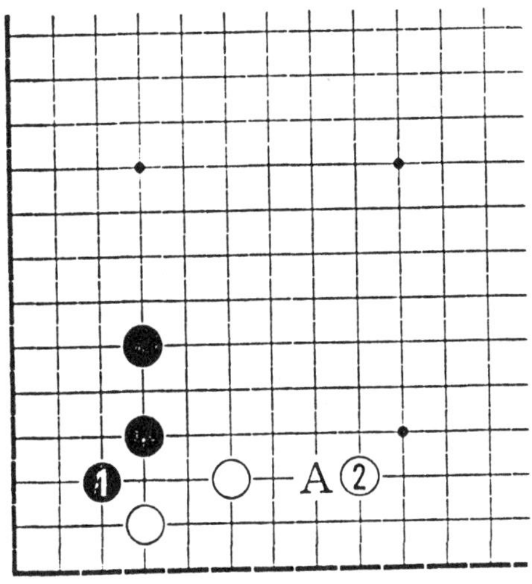

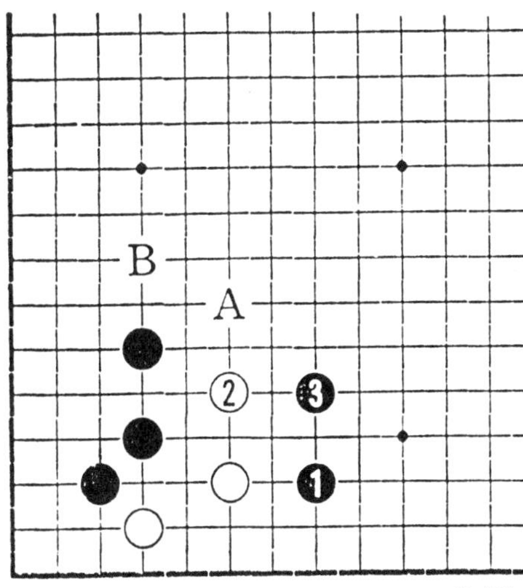

흑이 1을 빼면 백1로 대각선으로 놓는 수가 실리로 근거가 커진다. 흑1에서 흑A로 끼워가는 놓기도 있으나 이것은 다루지 않겠다.

2도 (백의 손 빼기에는 ——)

1도 백2가 중요한 벌리기이다.

그때 흑1로 끼우고, 백2에 흑3으로 공격하는 것이 강렬한 것이다. 이어서 백A라면 흑B로 공격 속행이다.

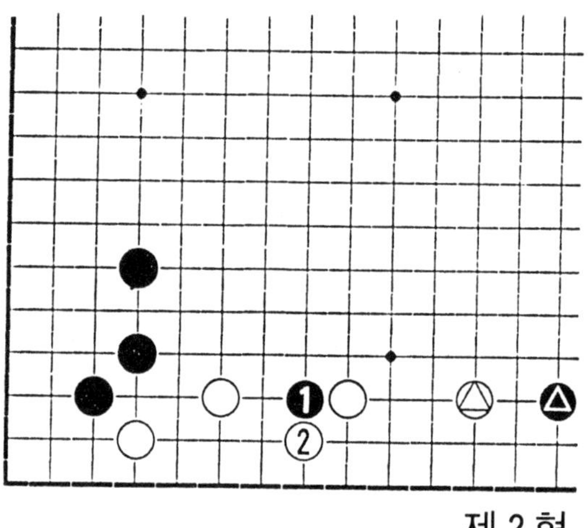

제 2 형

○제 2 형 혹선

앞 형의 정석에 백의 ⦿ 한 점이 가해지고, 혹에도 ●의 한 점이 가해졌다고 상정한 그림이다.

그리고 혹1로 붙여간 참에 백2로 젖혔다고 하자. 이 경우, 혹은 어떤 수단이 있는가?

1도(불충분)

혹1·3으로 놓는 것으로는 백에 4로 세워져 혹으로써는 불충분하다. 이것으로는 도대체 무엇을 놓고 있는지 확실히 알 수가 없다.

2도(맥)

이런 때는 혹1로 끊는 것이 맥이다.

이것에 대하여 백이 2로 한 점을 안아주면 혹3으로 단수한다. 만일 백4로 빼면 패 재료가 불리하지 않는 한 혹5로 단수한다. 백이 만일 ●으로 이으면 혹도 A로 이어 오른쪽 백 한 점 분단에 성공한다.

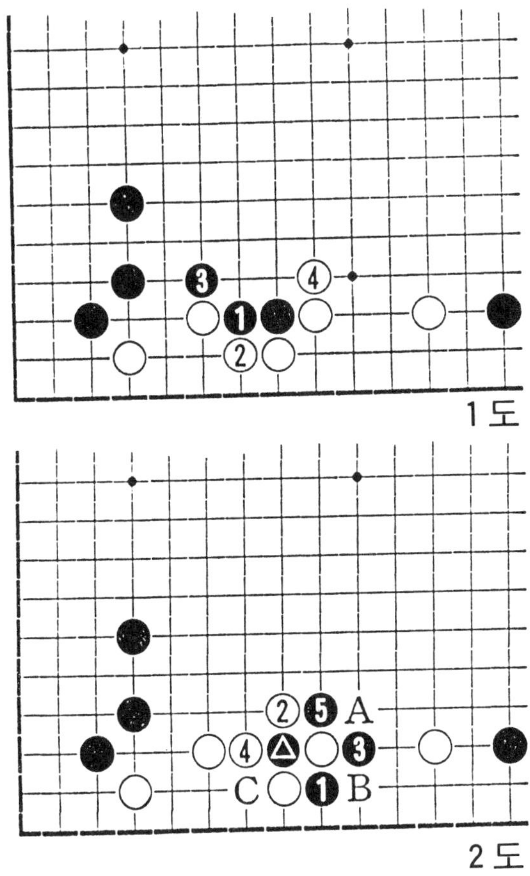

1 도

2 도

또 백 2 에서 백 B로 안으면 혹 C로 단수 왼쪽 백 두 점을 분단한다.

다만 이 결과는 백도 상당히 강해지고, 한 점 잡아넣기가 그다지 큰 수도 아니므로 놓는 시기를 틀리지 않도록 주의한다.

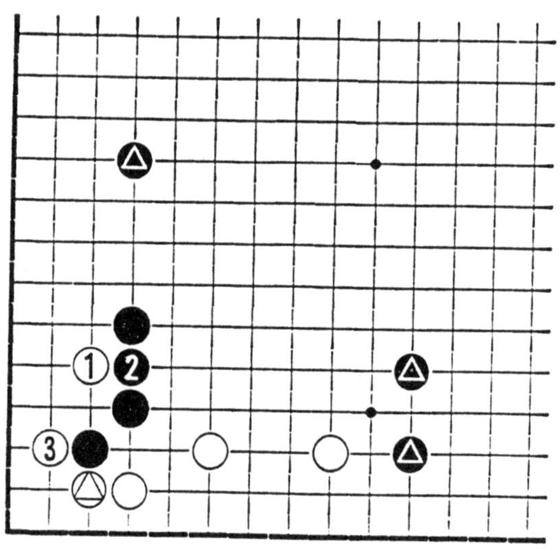

제 3 형

○제 3 형 혹선

백이 기본 정석에서 △에 넣고, 혹이 손빼기를 했다고 상정한다. 그때 백은 1로 잇고 3으로 건너갔다. 이 경우, 혹은 어떻게 대처하면 좋을까?

다만 기본 정석 다음, 혹에는 오른쪽과 윗쪽에 ●의 3수가 첨가되어 있다는 것을 전제한다.

1도(젖혀내는 맥)

혹1로 젖혀 저항하는 것이 좋은 것이다. 백2 끊기에는 혹3으로 잇는다. 이것까지 읽으면 백A로 안겨 큰 손해를 볼 것 같지만, 실은 그 다음에 혹의 목표가 있는 것이다.

2도(분단)

백4로 안으면 혹5의 끊기를 넣어 7로 젖혀낸다.

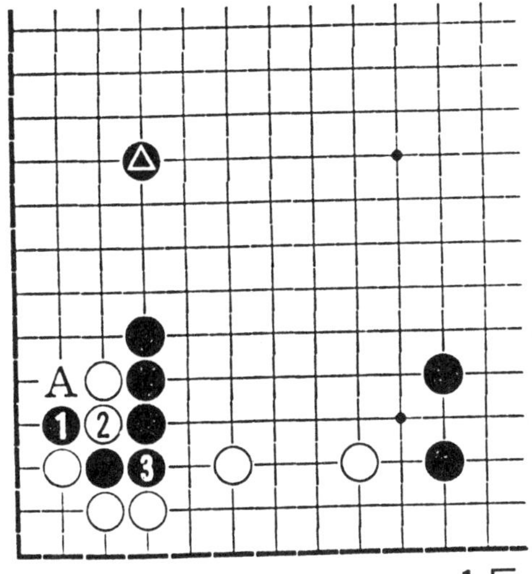

1 도

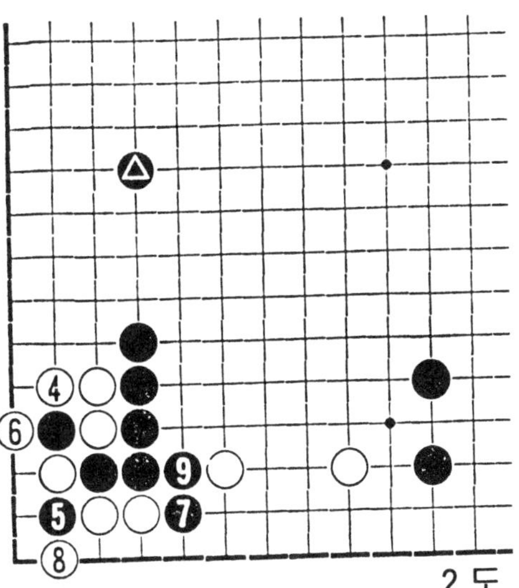

2 도

백은 8로 안는 정도이므로 흑9로 잇고 오른쪽 두 점을 분단할 수가 있다.

구석은 다소 손해이지만 그 대신 고립된 백 두 점을 공격하는 기쁨을 맛볼 수 있다.

이 변화를 검토해 보면 제3형의 백 1·3으로 놓는 시기가 문제라는 것을 알게 된다. 2도와 같이 남겨지므로 그 처치(강화하는)를 생각한 다음 가야 하는 것이다.

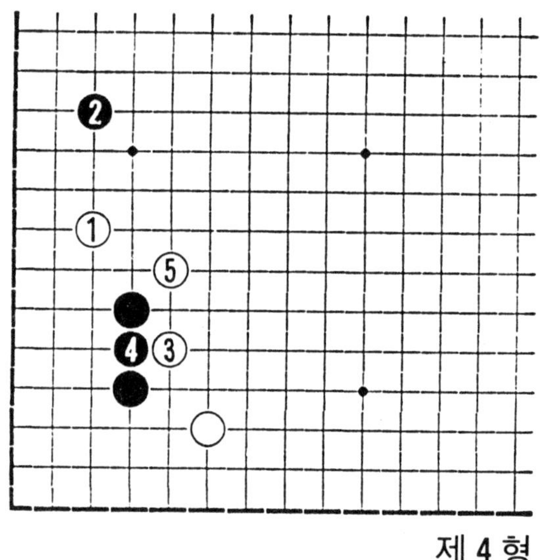

제 4 형

## 23. 화점의 기본 정석 (2)——날일자 끼우기

○제 4 형 흑선

백1의 끼우기는 항상 나온다. 흑2로 두 칸에  끼우는 것이 상법으로 되어 있으나, 백3 · 5로 놓는 것은 끼움수 같은 수단이다

흑이 가둬지면 안된다.

1도(속맥)

보통 1 · 3으로 내는 것으로는 백에 2 이하 6 까지로 대응되어 안된다.

흑1 · 3은 속맥이다. 그러면 흑은 어떻게 놓으면 좋은 것인가.

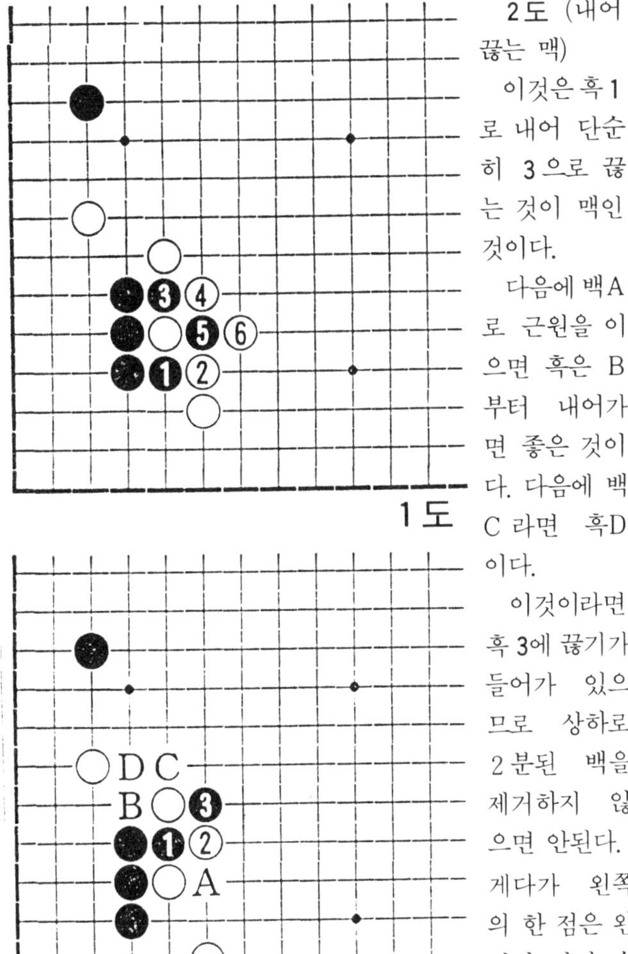

1 도

2 도

2 도 (내어 끊는 맥)

이것은 흑1로 내어 단순히 3으로 끊는 것이 맥인 것이다.

다음에 백A로 근원을 이으면 흑은 B부터 내어가면 좋은 것이다. 다음에 백C 라면 흑D이다.

이것이라면 흑3에 끊기가 들어가 있으므로 상하로 2분된 백을 제거하지 않으면 안된다. 게다가 왼쪽의 한 점은 완전히 삼킬 수도 있을 것 같고, 흑으로써는 만족.

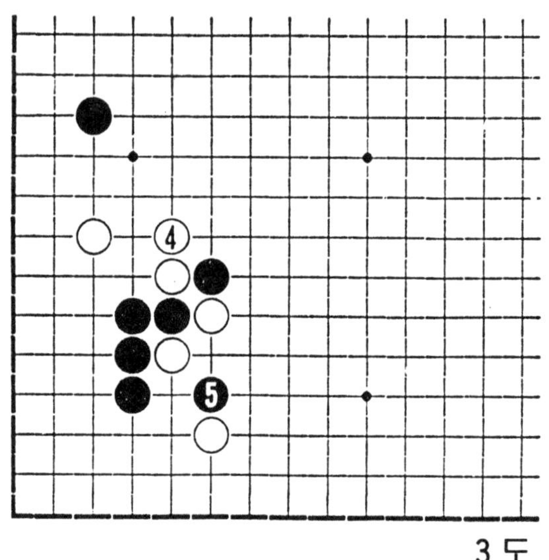

3 도

3 도(건너붙임의 맥)

백 4 로 뻗어가면 어떨까 하는 의문이다.

거기에는 흑 5 로 건너붙이는 것이 절묘의 맥이다.

4 도( 2 단 젖히기의 맥)

백 6 의 젖히기에 흑 7 로 2 단 젖히는 것이다.

이것으로 백은 나중에 놓기가 곤란해진다. 예를 들면, 백 A 로 뻗으면 흑 B 로 안아 좋을 것이다.

또 백 C 로 축에 안아주면 흑은 D 로 끊고, 다음에 흑 A 의 단수를 보여 충분하다.

이상과 같이 맥으로 백을 분단하고 중앙에 머리를 낼 수 있으면 성공이다.

백으로써는 아직 안정되지 않은 상하로 2 분된 돌을 푸는 것이 골치일 것이다.

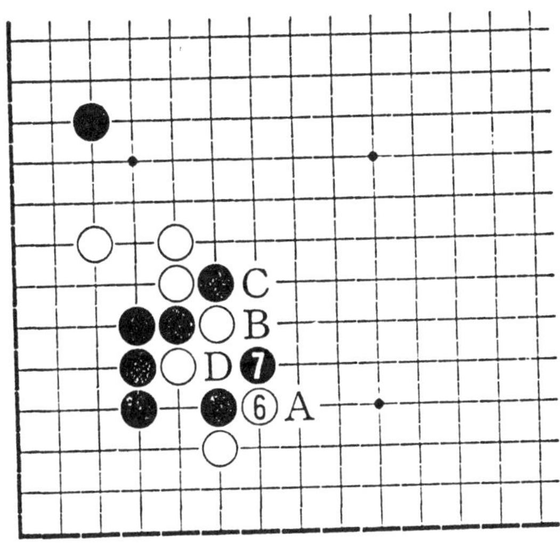

4 도

**◇ 속수의 결과**

**참고도** (백에 두꺼운 맛
을 준다)

앞 페이지 1 도만으로
는 어째서 흑이 나쁜지
이해할 수 없는 사람도
있을 것이다.

그래서 그 다음의 흑
의 속수를 섞어 어떻게
되는지 보이기로 하겠다.

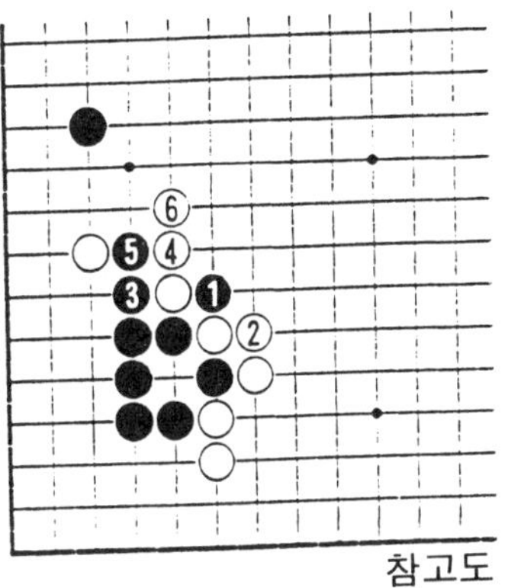

참고도

흑1에서는 단순히 흑3으로 낼 것이지만, 어떻든 백에
게 두꺼운 맛을 주어 좋지 않은 것이다.

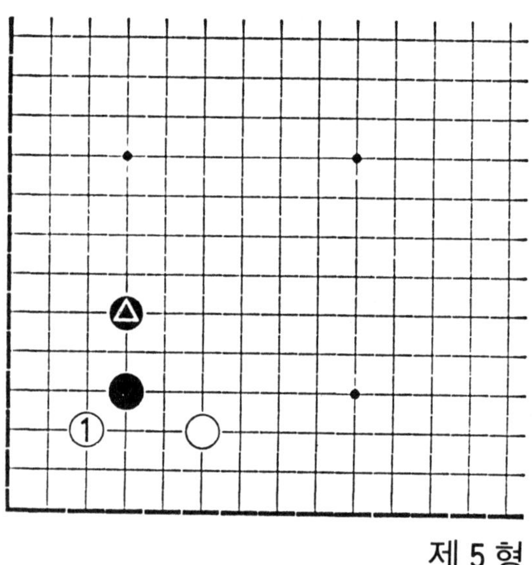

제 5 형

## 24. 화점의 기본 정석(3)── 한 칸 뛰어받기 · 3·3 넣기 대책

○제 5 형 혹선

혹의 한 칸 뛰어받기(●)에 대해 백1로 3·3에 넣어가는 것은 자주 있는 일이다.

이것에 대하여 혹은 어떻게 대처하는 것이 좋은가── 하는 테마이다.

1도(차단하는 한 수)

우선 혹1로 차단하지 않으면 안된다. 이것은 우선 절대적인 한 수라고 해도 좋을 것이다.

그리고 보통 생각할 수 있는 것이──

2도(혹 놓기 방법의 기로)

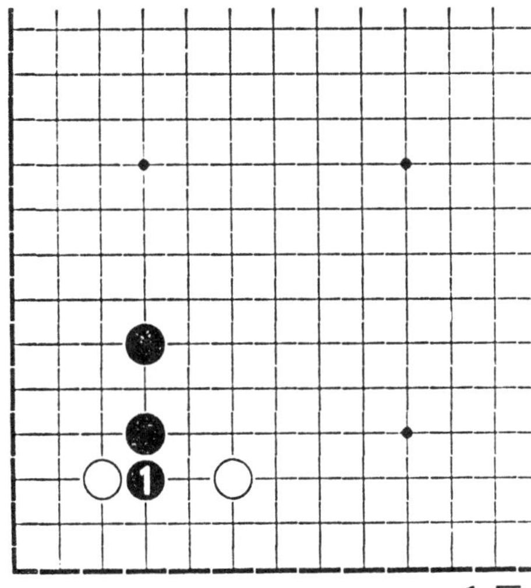

1 도

2 도

백 2로 젖히는 수이다. 흑도 3으로 눌러 차단한다.

다만 흑이 윗쪽(좌변)의 땅을 중요시할 때는, 이 흑 3에서 A로 구부리고, 백 B의 걸쳐 잇기에 흑 C로 단수, 백 D로 잇게 하고, 선수로 다른 호점으로 도는 경우도 있다.

특히 E 방면에 이미 백돌이 있는 경우는 흑 3으로 차단해 보아도 △의 한 점이 고통스러울 뿐, 흑의 벽은 그다지 작용할 것 같지 않다.

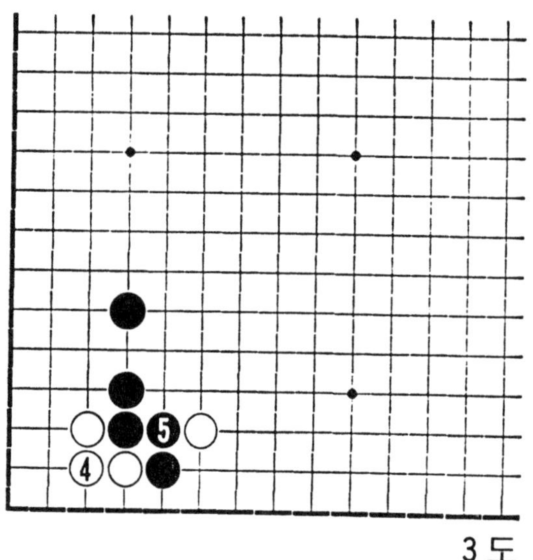

3 도

**3 도**(구석을 준다)

이 그림과 같이 주변에 아무런 돌도 짐작할 수 없는 상황에서는 백 **4** 로 잇게 하고 흑도 **5** 로 이어 구석을 주는 편이 좋을 것이다.

이어서——

**4 도**(한 점을 제지한다)

백 **6** 으로 달려 살 수 있지만 흑은 **7** 로 백 한 점의 움직임을 막는 것으로 충분하다.

다만 이 흑 **7** 은 오른쪽(하변)을 자군의 세력하에 놓고 싶을 때에 놓는 것으로, 윗쪽을 중요시할 때는 흑 **7** 로 직접 흑A로 붙여가는 수도 있고, 또 그것이 위험한 경우(참고도 참조)에는 흑B로 마늘모로 받는 것도 맥이다.

자주 이런 때 흑C로 내고 백D로 교환하는 사람을 볼 수

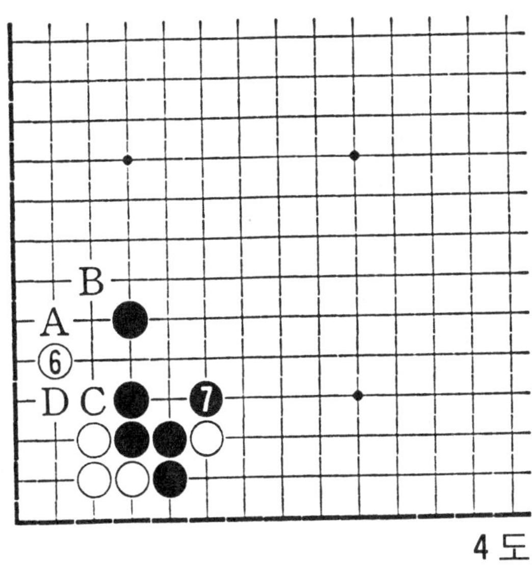

4 도

있는데 그러면 백의 강화를 돕는 것이 될 뿐 조금도 득이
되지 않는다. 나쁜 맥의 표본이라고 할 수 있다.

◻상황에 주의

참고도 (윗쪽을 소중히)

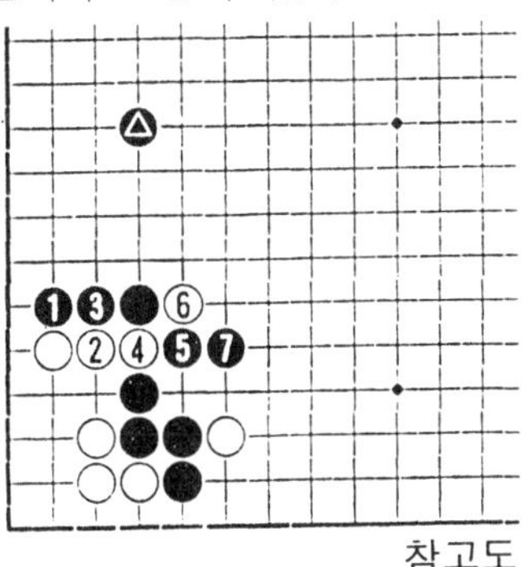

참고도

이 그림과 같이 미리
●의 한 점이 있으면 혹
1로 붙여가는 것도 생
각할 수 있다.

백2 이하 6으로 내
어 끊어가도 혹7로 뻗
어 충분히 싸울 수 있기
때문이다. 그러나 ●의 방면에 반대로 백돌이 있는 경우
에는 이 혹1의 붙이기는 위험을 동반한다.

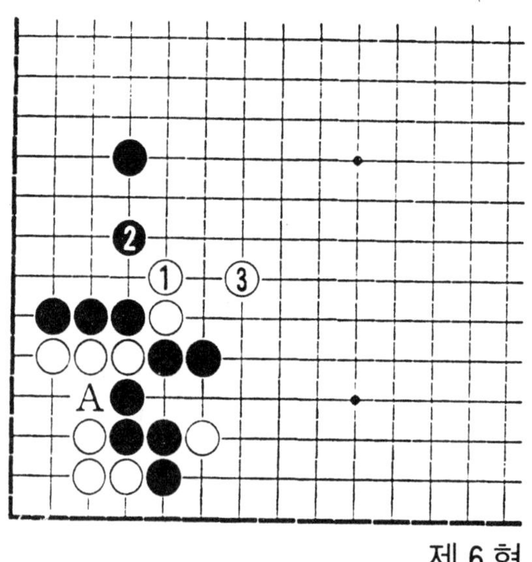

제 6 형

○제 6 형. 흑선

앞 페이지 참고도 다음 백이 1 · 3 으로 놓았다고 하자.

본래라면 백 3 에서 백A로 이어져 있지 않으면 안된다.
이 경우 흑이 어떻게 놓으면 이 백을 죽일 수가 있을까?

1 도 (젖혀죽이기)

우선 흑 1 로 젖힌다. 백도 2 로 구부려 받는 정도일 것
이므로 또 흑 3 으로 젖힌다. 이것으로 백은 죽어있는 것
이다.

예를 들면, 이 뒤 백A로 놓으면 흑B로 놓아 죽게 한다.
또 백C로 살면 흑D로 놓아 역시 그것까지.

이 뒤의 변화에 관해서는 그다지 어렵지 않으므로 각자
검토해 보기 바란다.

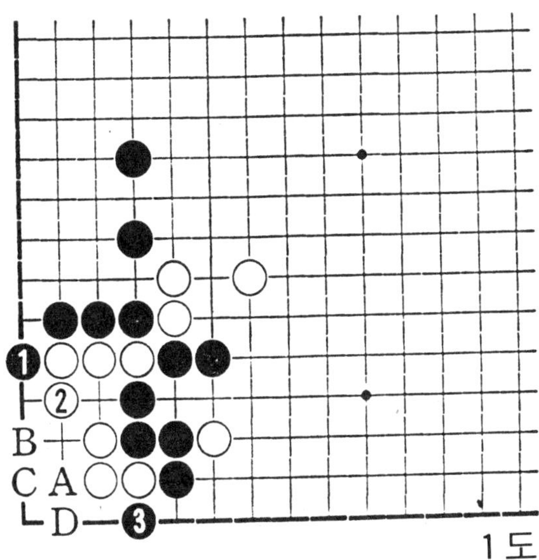

1도

◇ 이 맥에 주의

**참고도**(실패)

혹1의 붙이기부터 가는 사람이 있다. 이것은 백2로 받아져 혹3으로 건너도 이하 백8까지로 간단하게 산다.

또 혹1에서 4로 놓는 정도도, 예를 들면, 백2로 이어지고, 혹3 때 백

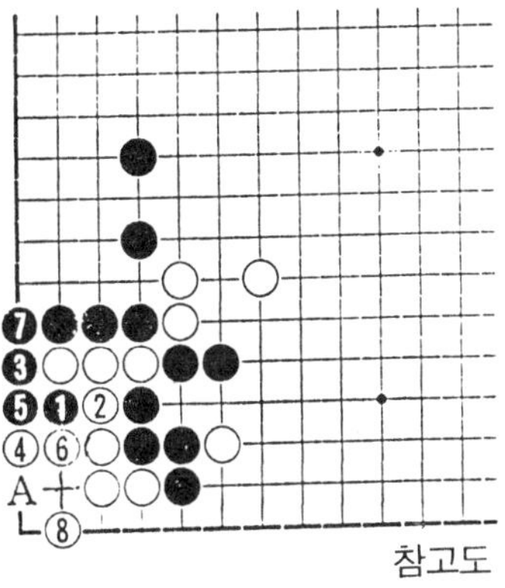

참고도

5, 혹1, 백6이 되어 혹A로 뻗어넣는 패가 된다.

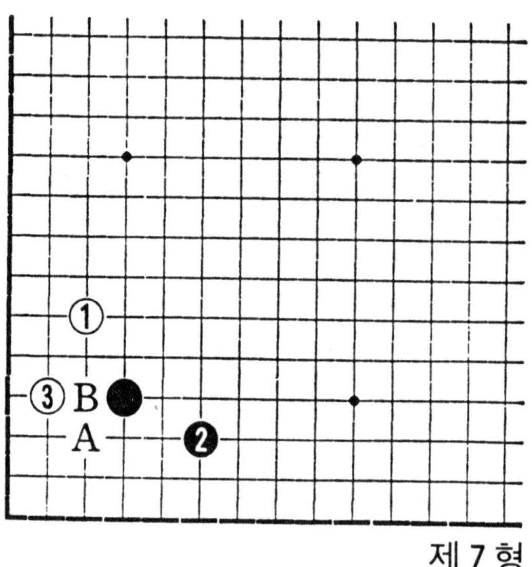

제 7 형

## 25. 화점의 기본정석⑷──마늘모 받기

○제 7 형 흑선

흑 2 로 날일자로 받는 것은 수 단단한 놓기이다.

흑 2 의 날일자에 대하여 백A로 3 · 3 에 넣는 것은 흑 B로 차단되어 가운데가 좁기 때문에 살기가 쉽지 않다. 살 수는 있지만, 그 때문에 주위의 흑이 상당히 두꺼워진 다는 것을 충분히 예측할 수가 있다.

그리고 백도 보통은 3 으로 달려간다. 이 경우도──

1 도(균형)

흑 4 로 구석의 요소에 뻗어받는 것이 견실한 것이다. 백 도 5 로 두 칸에 벌려 잇는 참이다. 이것으로 일단락이다.

또 만일 이 다음 백A로 뻗어주면 흑은 B로 벌리고, 백이 C에서 메꿔주면 흑A로 구석을 누른다. A와 B는 요컨대 균형인 것이다.

2도 (다른 방법)

제7형 백 3으로는 이 그림 ⚪으로 전개되는 것이 상법이다. 백이 1로 메꿔주면 흑2로 뛰어 대응하고, 다음에 흑 A 쳐들어가기를 보는 것이다.

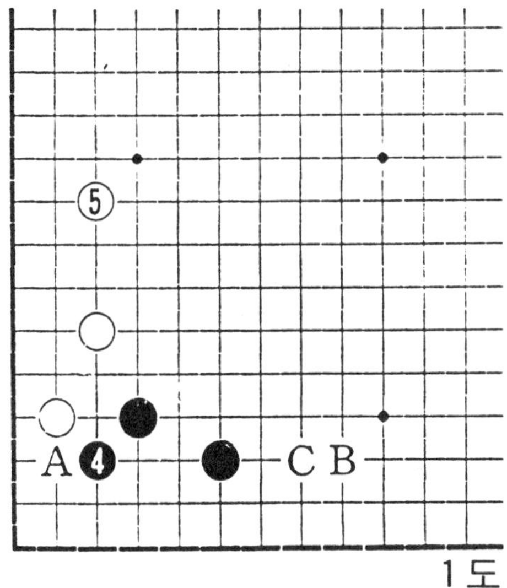

1 도

2 도

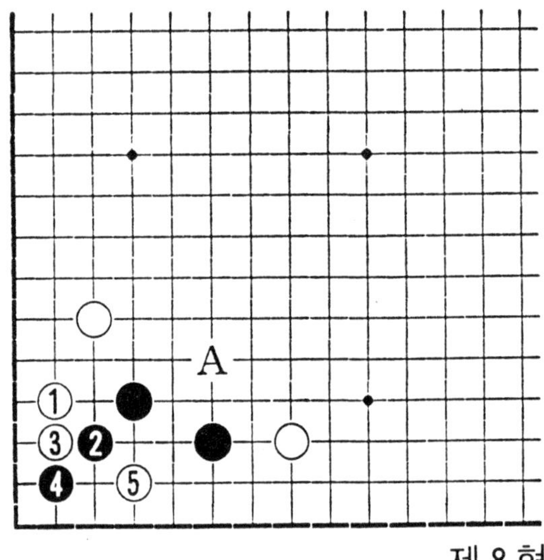



제 8 형

○제 8 형 흑선

앞 페이지 2도의 흑2를 없애고 백이 1·3에서 5로 빼어갔다고 하자.

이 응접을 이끌어가는 것은 어떤 맥인가—— 상세하게 검토해 보기로 하자.

1도(관련의 맥)

이 응접은 축관계로 상당히 변화가 심하기 때문에 미리 축 관계를 읽어두지 않으면 안된다.

아뭏든 흑1로 붙여보자. 이것이 호맥이다. 그리고 백 2의 끊기에 흑3으로 내리고 있는 것이다 (흑3에서 A로 내리는 것은 실패).

이것에 대하여 백이——

2도(미는 수 없다)

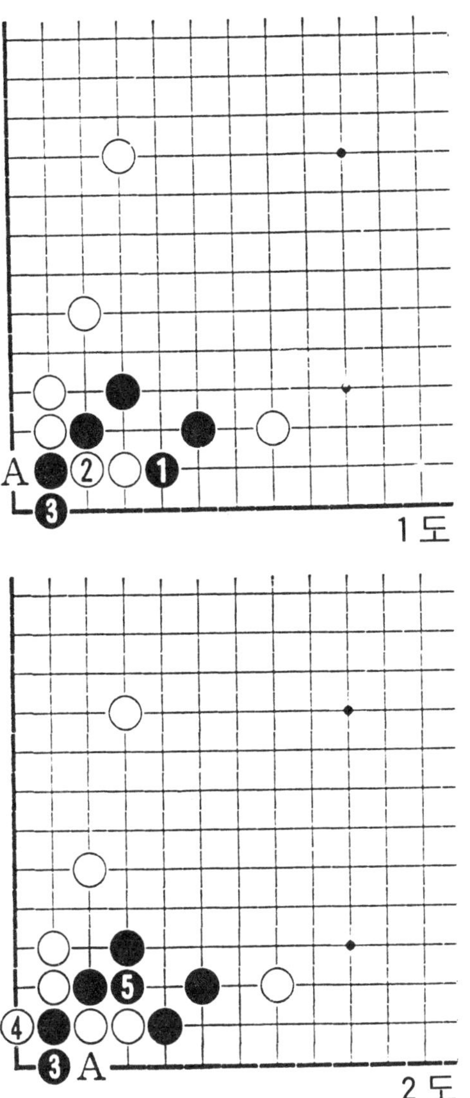



4로 구석을 젖혀주면 흑5로 공배를 메꾼다. 이것으로 백은 4의 아래에서도, 또 A에서도 메꿀 수가 없게 되는 것이다.

즉 1도 혹 1·3의 맥이 작용하고 있는 것이다. 그러나 이 변화는 그렇게 단순한 결과로 끝나지 않는다.

실은 백4로 젖힌 것에 문제가 있었다. 이 수에서 만일 백5로 단수했다면 어떻게 되었을까 ——

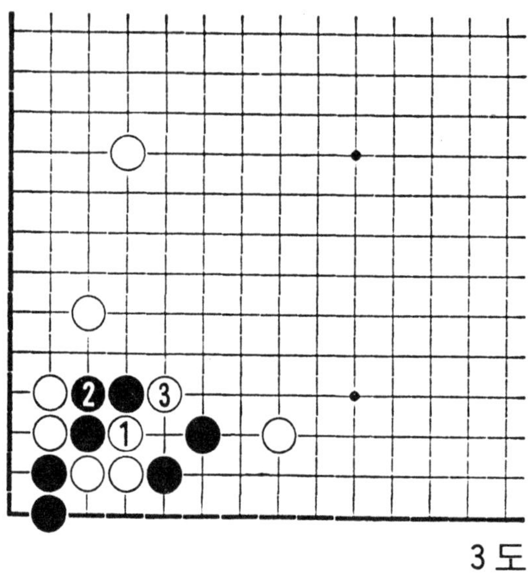

3 도

**3 도**(탈출 가능?)

백 1 로 단수, 3 으로 젖혀 냈다고 하자.

이어서——

**4 도**(내기)

흑 4 로 내는 한 수이다. 백은 5 로 밀어올렸다. 흑 6 도 어쩔 수 없을 것이다.

그리고 백은——

**5 도**(대어넣기의 강수)

7 로 대어넣는 것이 강수이다. 이렇게 공배를 메꾸고 다음에 백 A 의 축을 겨냥한다. 만일 축이 백에게 유리하면 흑은 A 로라도 놓아 축에서 도망쳐야 한다.

그러면 백은 B 로 이어 흑에게 대사건이 일어나려고 한다.

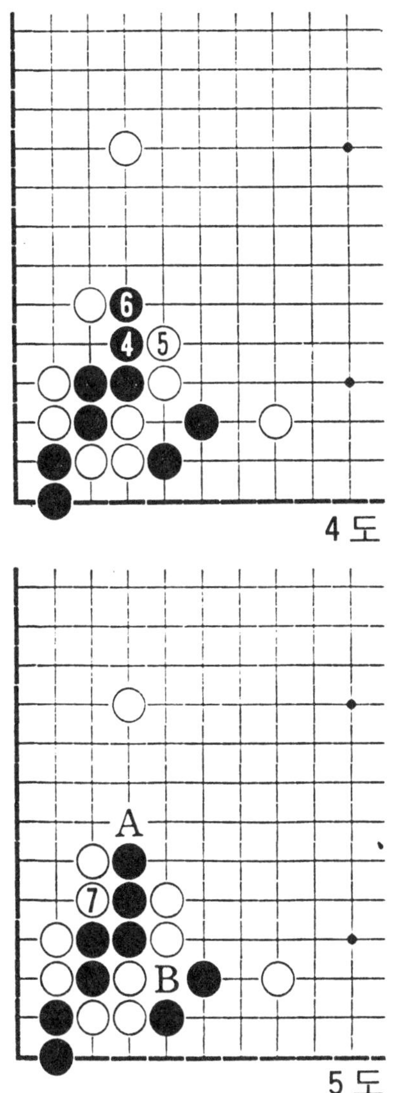

4 도

5 도

이렇게 되면 흑은 뿔뿔이 흩어져 수습의 여지가 없다.

그러면 흑은 어디가 나빴던 것일까? 실은 1도로 거슬러 올라가서 같은 그림 흑1·3의 맥을 보자. 그것이 나빴던 것이다. 축이 나쁜데도 맥으로 풀려고 했던 것이 무리였던 것이다.

따라서 더욱 거슬러 올라가 제8형 흑4에서는 A로라도 뛰어야 했던 것이다.

또 축 관계가 반대로 흑에게 좋다면 5도 백7에 대해 흑B로 끊으면 좋으므로 이번에는 백의 형이 무너져버린다.

이 경우 당황하여 백이 3도 3으로 젖히는 수——

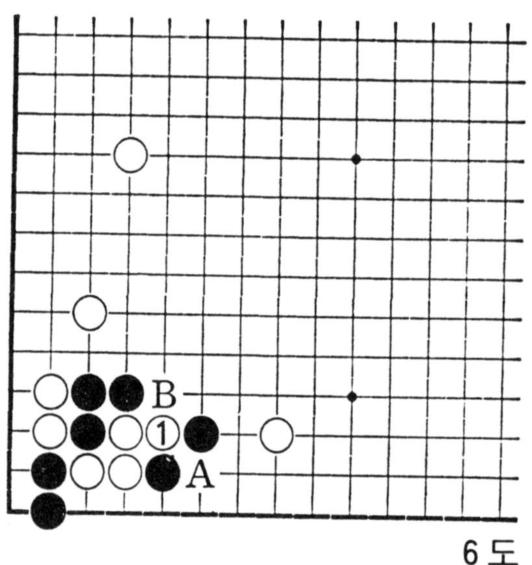

6 도

**6 도**(단수는 두렵지 않다)

1 로 구부리는 수는 없는지 확인해 보자. 이것에 대하여 혹이 A로 잇는 것으로는 백에 B로 내어져, 다시 혹은 죽어 버린다.

그리고——

**7 도**(위를 누른다)

혹 2 로 눌러 넣어가는 수가 있다.

백이 3 으로 끊어주면——

**8 도**

혹 4 에서 조이는 것이다. 혹 6 으로 단수되어 백 쫓아 떨어뜨리기로 잡혀버린다.

또 혹 4 로는 혹 6 에서 단수되어 결과는 같다.

## 축 모르고 바둑을 두지 말라

간단한 축을 흘러버리면 이렇게 큰 일을 당하지만, 5도에 이르기까지의 프로세스를 읽는 축 관계는 그렇게 간단하지가 않다. 평소의 공부가 중요한 것이다.

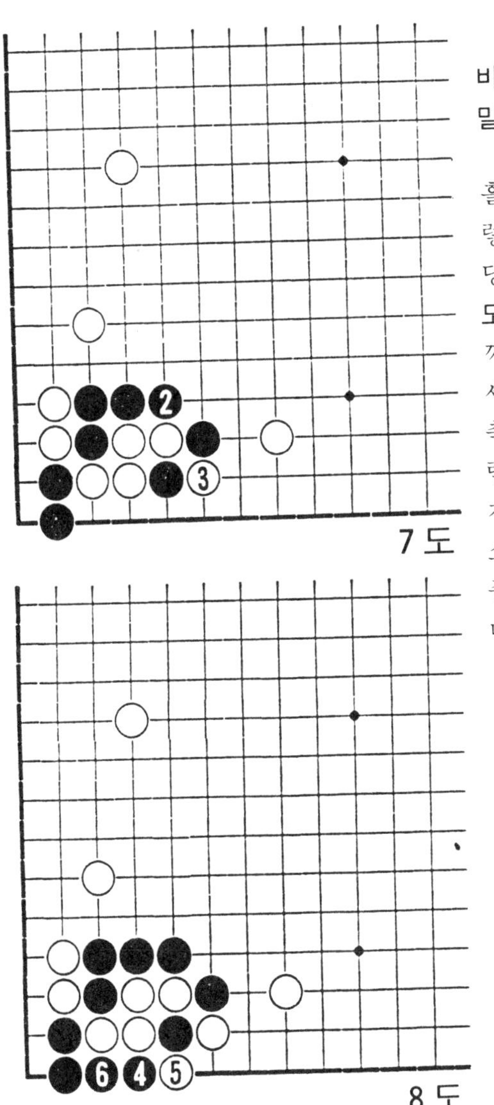

7 도

8 도

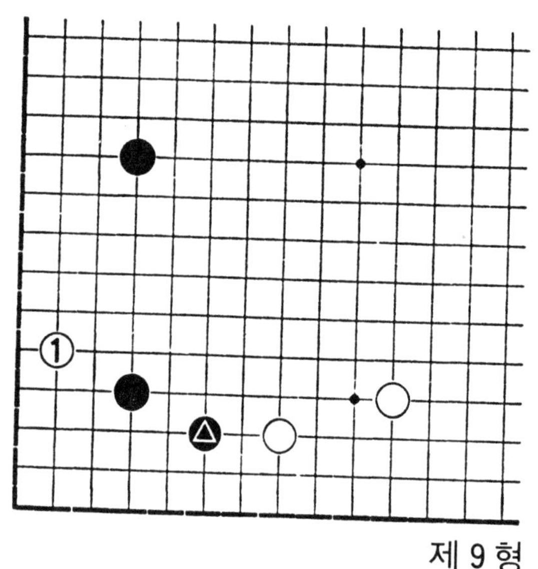

제 9 형

## 26. 화점 기본 정석(5)——날일자의 준비——침략

○제 9 형 혹선

날일자 정석이라고 해도 이것은 다소 다른 것이다.

날일자에 준비하고 있는 세력권에 백1 로 묘한 곳으로 들어가는 일이 자주 있다. 이것은 엉터리로 놓고 있는 것이 아니고, 침략의 맥으로써 훌륭한 수인 것이다.

이 백1 의 의도는——

1도(붙이기의 맥)

혹1 로 받게 하고 백2 로 붙여 혹을 혼란으로 이끌려는 것이다.

본래라면 혹1 에 대해 백A, 혹B, 그리고 백C로 벌려져

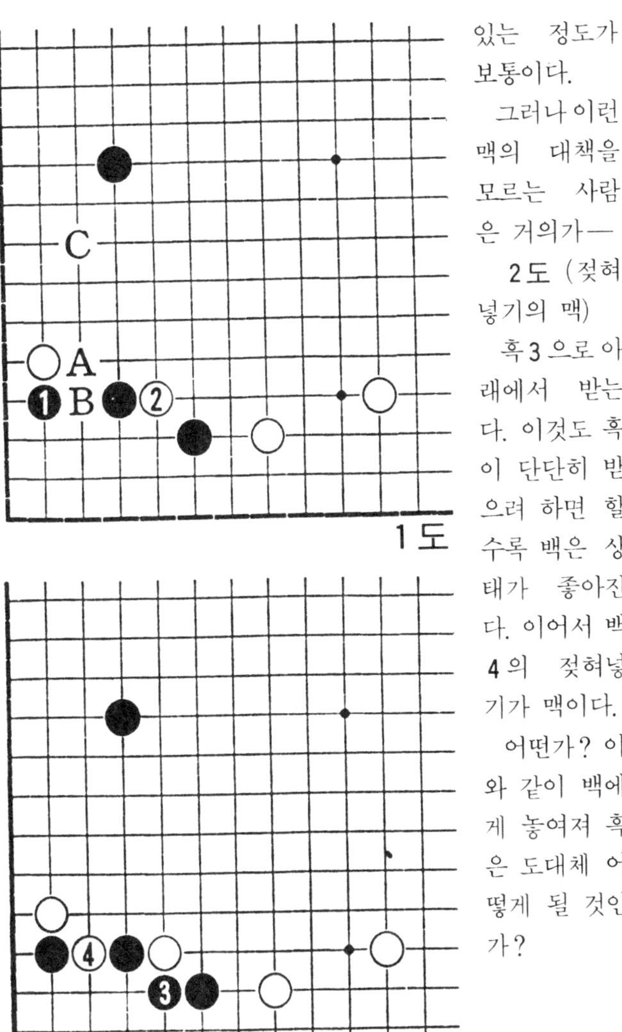



있는 정도가 보통이다.

그러나 이런 맥의 대책을 모르는 사람은 거의가—

2도 (젖혀넣기의 맥)

흑3으로 아래에서 받는다. 이것도 흑이 단단히 받으려 하면 할수록 백은 상태가 좋아진다. 이어서 백 4의 젖혀넣기가 맥이다.

어떤가? 이와 같이 백에게 놓여져 흑은 도대체 어떻게 될 것인가?

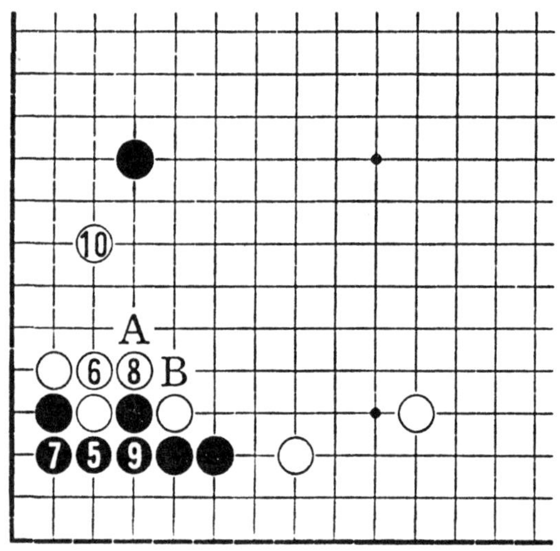



3 도(흑은 납작)

거의 대부분의 사람이 흑5로 받고, 백6에 흑7로 이어,
백8을 살리는 상황을 만든다.

개중에는 흑7에서 8로 나가는 사람도 있으나, 그것은
백에 A로 젖혀지고 흑B로 놓아 백7로 한 점을 잡게 한
다. 그렇게 될 바에는 처음부터 흑7로 잇는 편이 좋을 것
이다.

아뭏든 백10까지 백이 마음먹은 대로 놓여져 버렸다. 그
때 흑5로 받는 수로——

4 도(가르기)

흑1로 반대로 위에서 끊는 수는 없었을까?

백2의 뻗기에 흑3으로 이어져 있는 것이다. 이것은 백
4 이하 흑7까지, 구석의 것은 먹혀버리지만 3 도 보다

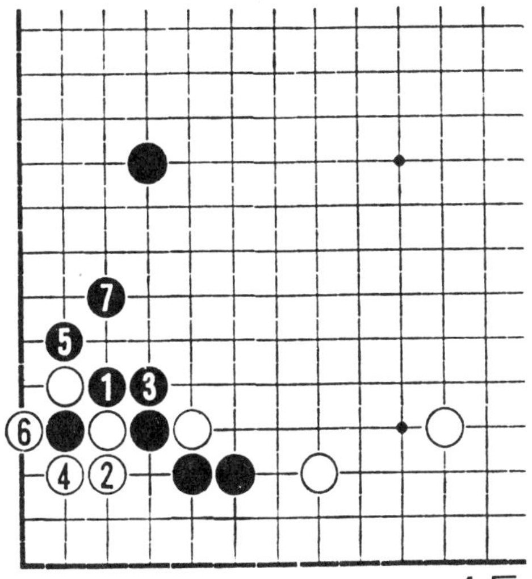

4 도

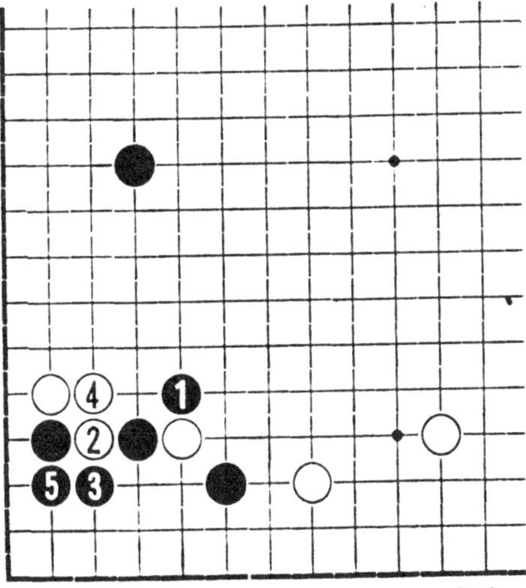

5 노

는 나은 것이다.

간명한 선택이라면 이 4도가 알기 쉬울 지도 모른다.

그러나 흑에는 더욱더 강력한 대응 방법이 있다. 1도로 돌아가 백2로 붙여 갔을 때——

5도 (반격의 강수)

흑1로 위부터 젖히는 것이다. 이래도 백2로 젖혀 넣으면 이번에도 흑3으로 단수로 잇는다.

이것으로 백의 책동은 실패로 끝나게 될 것이다.

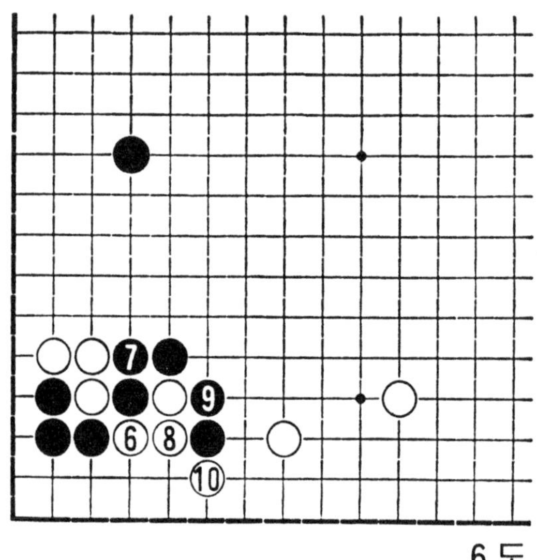

6 도

**6 도**(무모한 수단)

백이 **6**으로 끊고 **8**로 이어주면 흑**7**·**9**로 막는다.

그러나 백**10**의 젖히기에는 주의를 하는 것이 중요하다.

예를 들면──

**7도**(실패)

흑**1**로 대응했다고 하자. 그러면 백은 **2**의 젖히기를 이용하고 백**4**로 끊어간다. 백A의 세 점 취하기와 백B의 두 점 취하기가 균형이 됨으로 흑은 대책을 강구하게 된다.

이것은 분명한 실패이다. 실은 여기에서 '너구리의 배 싸기'라고 불리우는 멋진 맥이 흑에게 준비되어 있는 것이다.

**8도**(너구리의 배 싸기의 맥)

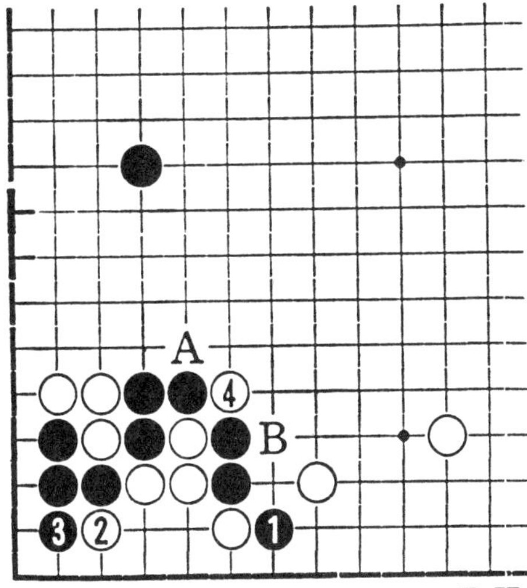

7 도

8 도

6도 백10에 대해 흑1로 놓는 것이다. 그리고 백이 2로 젖힌 때에 흑3으로 늘어놓는 것이다. 이것으로 완전히 백은 붕괴된다.

지금 검토해 보자.

흑1에 대해 백A로 이으면 흑은 B로 누른다. 이어서 백3이라면 흑2이다.

또 흑2의 젖히기에 백C로 끊으면 흑A로 간단하게 세 점이 떨어져 버린다.

이상 5도 흑1에서 8도 흑3까지.

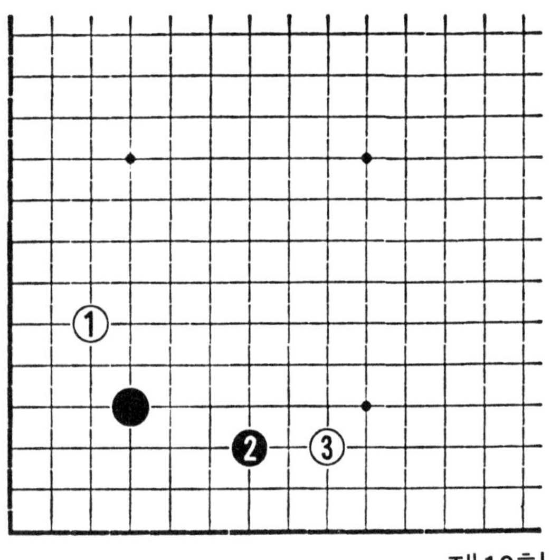

제10형

## 27. 화점의 기본 정석(6)——눈목자 받기——구석의 조임

○제 10 형 흑선

백 1 로 화점에 걸치고, 흑 2 로 눈목자에 받는 정석을 중심으로 하여 그 주변에 생기는 맥을 검토해 보자.

우선 백 3 으로 끼워간 때 흑은 어떻게 대응할 것인가—하는 기본 문제부터 들어가자.

1 도(구석 조이기)

흑 1 로 구석을 조이는 것이 견실한 대응 방법이다.

이것은 흑이 구석의 땅을 확보하는 것과 동시에 위쪽의 백 한 점에 대하여 흑 A 로 끼워 공격하는 수를 보고 있는 것이다.

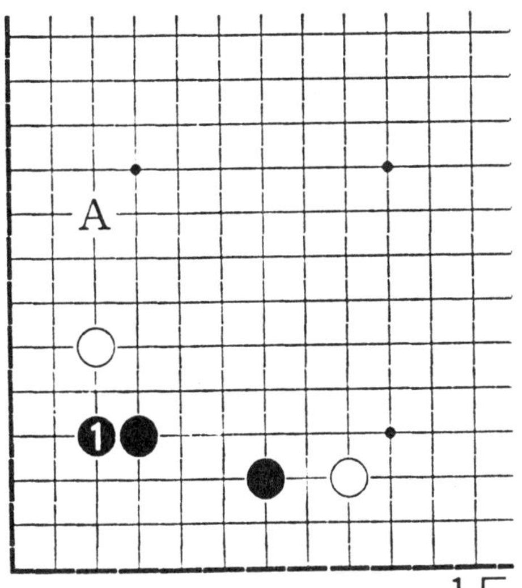

그런 작용을 가지고 있는 점으로 보아 훌륭한 맥이라고 할 수 있다.

따라서 백도

**2도**(한 칸 뛰기의 준비)

백2로 두 칸으로 벌려 흑의 공격을 완화시키는 것이다.

여기에서 흑 3으로 한 칸 뛰는 것이 견실한 준비이다.

이것은 백A의 침략에 대비하는 것이다. 동시에 장래 흑B도 백의 두 점을 공격하는 의미를 갖고 있다.

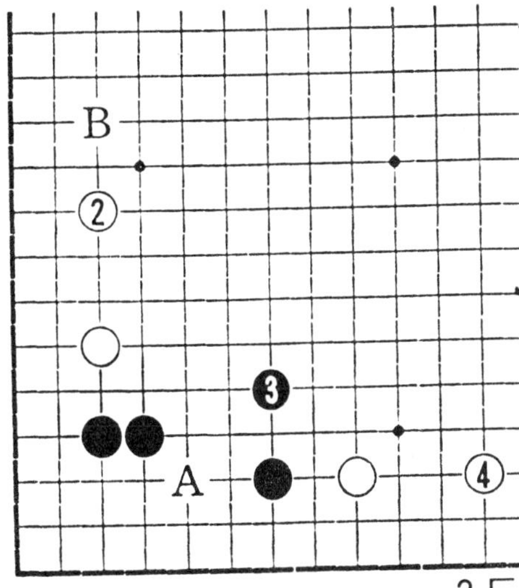

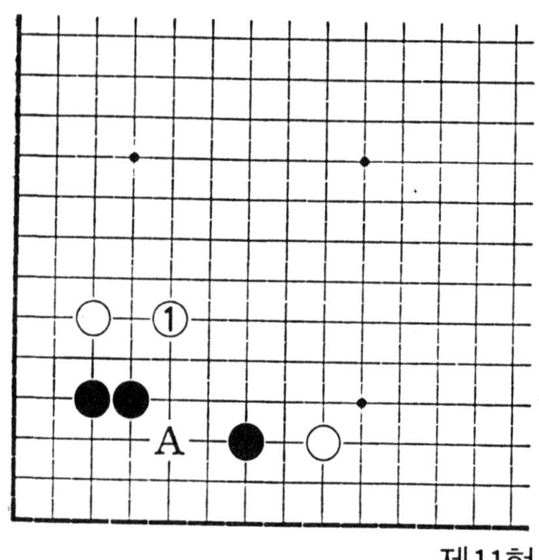


제11형

○제11형 혹선

그러면 2도 백2에서 이와 같이 백1로 한 칸 뛰어간 경우는 어떻게 대응해야 하는가?

윗쪽의 백의 모양이 커지는 것을 두려워 하여, 당황하여 지우러 가면 백A의 쳐들어가기가 강력해진다.

1도(날일자 받기)

이 경우는 혹1로 날일자로 받는 것이 견실하다.

이것으로 백은 혹 땅으로 뛰어들 수 없게 된다.

이어서 백A라면 혹B로 대응해 가면 좋을 것이다.

혹으로써는 이렇게 하여 견실하게 놓으면 무난하다.

다른 곳으로의 선착을 서둘 것이므로 상대부터 여러 가지 수가 생기는 것이다.

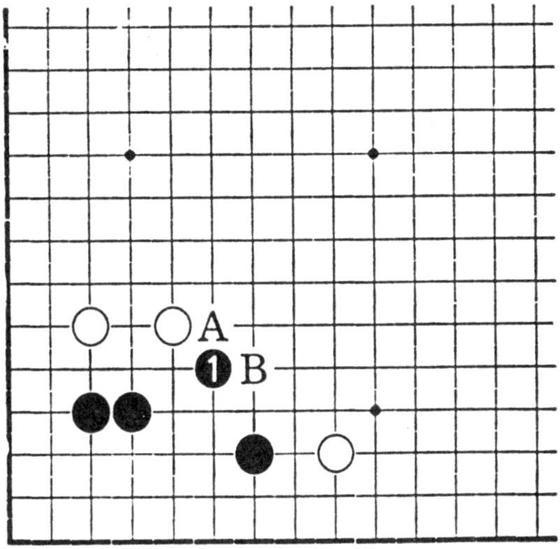


1 도

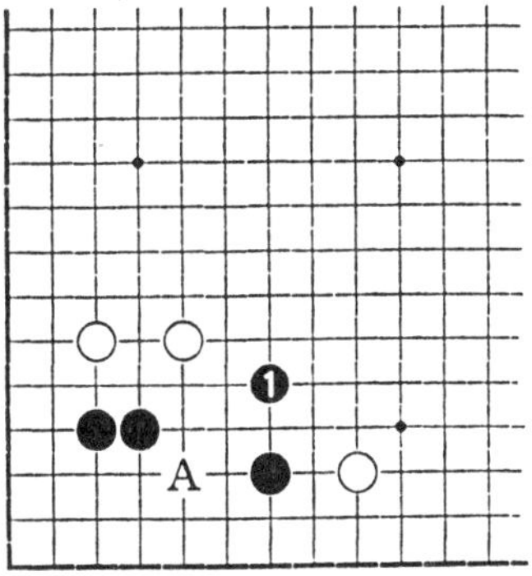


참고도

◇다른 방법

참고도(한 칸 뛰기)

1도 흑1에서 이 그림 흑1로 한 칸 뛰는수도 성립한다.

1도 보다 중앙으로 향하여 작용하고 있는 만큼, 아래쪽의 흑의 땅이 얇은 형이 되는 건 어쩔 수 없다. 그러나 이 흑1의 뛰기에 의해 백의 단독 A 쳐들어가기는 막게 되는 것이다.

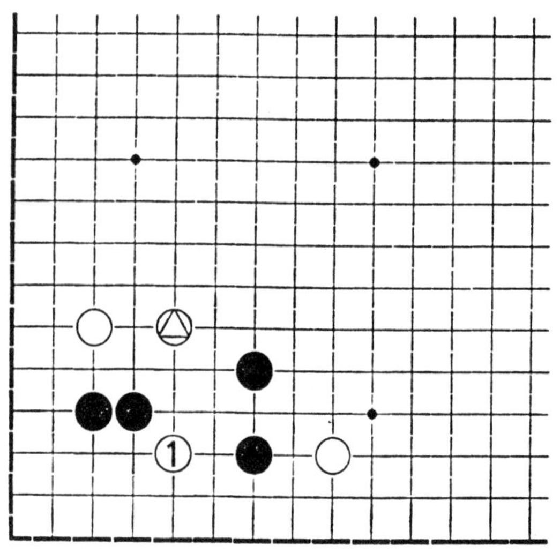

제12형

○제12형 흑선

우선 △의 백 뛰기가 와 있는 상황으로 백1로 뛰어들면 어떻게 대처할 것인가 검토해 보자.

**1도**(차단한다)

우선 흑1로 위에서 밀어간다. 상하의 백을 떼어놓는다는 의미에서도 이 흑1은 당연하다.

이어서 백2로 부딪쳐 오면 어떻게 할 것인가?

**2도**(허락되지 않는 맥)

흑3으로 내리는 것이 강한 태도이다. 이것으로는 이 백의 두 점의 사명을 완전히 제지하고 있다.

예를 들면, 이 다음 백A로 내어가도 흑B로 누르고, 백C 내기에 흑D로 눌러 백은 아무 것도 되지 않는다는 것을 알 수 있을 것이다. 자신의 눈으로 확인해 본다( 그것

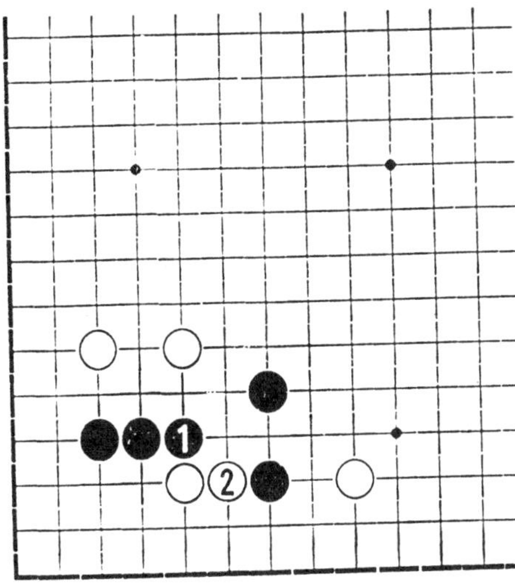

1 도

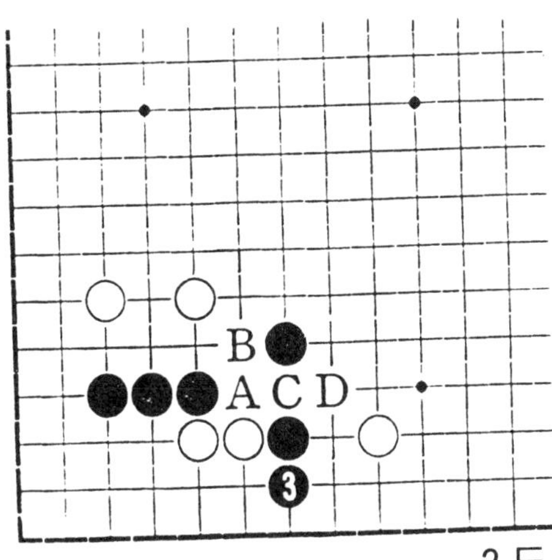


2 도

을 각자 확인하는 것이 읽기 감각의 훈련이 된다. 귀찮더라도 실행하도록 한다).

**공배 막힘**

공배 막힘을 눈치채지 못하는 사람은 그만큼 아직 돌의 감각이 불충분하다는 뜻이다. 강한 사람일수록 빨리 알아차린다.

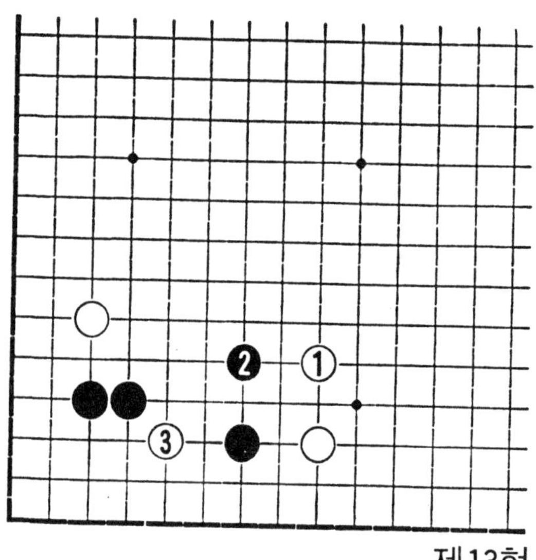

제13형

## ○제13형 흑선

주위의 상황이 변하면 그 놓는 방법이 변하는 것은 당연하다.

따라서 '이것은 이렇게 놓는 것'이라고 정해두는 것은 위험하다. 어떤 경우에라도 일단 주위의 상황을 확인한 다음 놓는 습관을 붙여두도록.

그럼 여기에서 백이 1로 뛰고, 흑도 2로 한 칸에 준비했을 때 백3으로 뛰어들면 어떻게 대처할 것인가?

### 1도(맞붙이기)

흑1로 맞붙이는 것이 백의 한 점의 움직임을 봉쇄하는 호수맥이 된다. 이때 백이 A로 나가면 흑B로 눌러 걱정 없다.

그런데 틀리기 쉬운 것은——

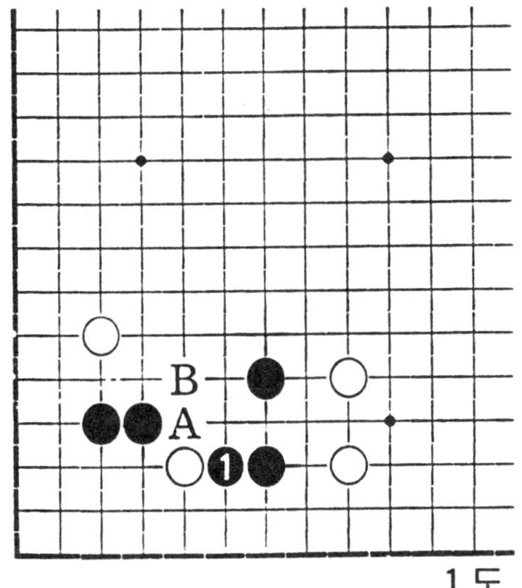

1 도

2 도

2도 (공배를 메꾼다)

백이 2로 내리는 듯한 놓기를 해 올 때이다.

이런 경우 백의 움직임을 제지하기 위해서는 어떻게 하면 좋을까? 다시금 생각할 필요가 있다.

여기에서는 흑3이 맥이다. 구석으로의 움직임을 봉쇄하고 동시에 백의 공배를 메꾸는 것이다.

이 흑3에서 예를 들어 위로의 진출을 두려워 하여 흑A로 놓으면 백B.

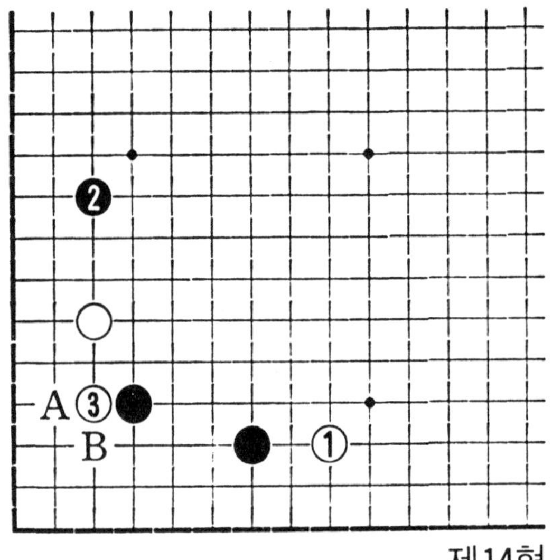

제14형

## 28. 화점의 기본 정석(7)──백의 붙여끊기 대책

○제14형 흑선

때로는 윗쪽에서 흑2로 끼우는 편이 강렬한 경우도 있다. 그때 백이 A로 달려주면 흑B로 대응하여 편하지만, 백이 3으로 붙여오는 것은 충분히 예측해야 한다. 흑의 제1수와 그 다음의 변화를 생각해 보자.

1도(젖혀누르기)

흑1로 젖혀누르는 한 수이다. 백2의 엇갈려 끊기를 각오한 것이다.

가운데는 이 백2의 엇갈려 끊기를 두려워 하여, 흑1에서 2로 늦추는 사람이 있다.

그러나 그것은 백이 1로 넣어 애써 △에서 끼워 공격

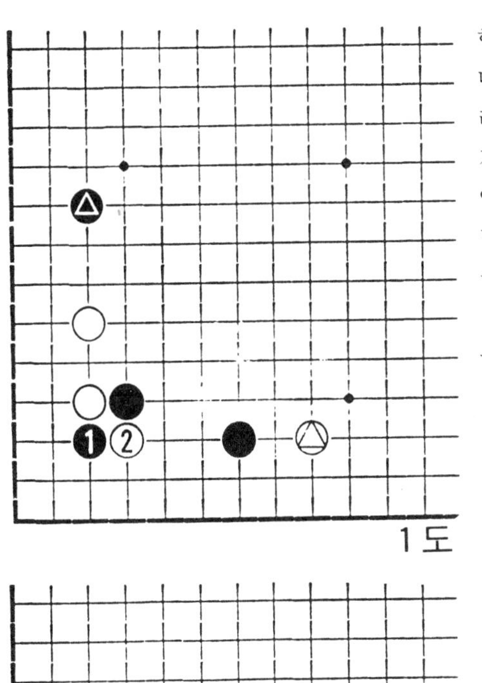

1 도

2 도

한 의미가 없다. 그뿐 아니라 ⚉의 끼우기가 작용하여 혹은 상당한 공격을 받을 것 같다.

2도 (연락을 유지하는 뻗기)

'엇갈려 끊기의 한쪽을 뻗어라' 라는 격언대로 혹3으로 뻗는 것이 맥이다.

이 외 A, B, C 등도 있으나, 이 상황에서는 우선 ●과의 연락을 확실하게 하는 뻗기를 생각해야 한다.

이것으로 백의 책동을 봉쇄할 수가 있는 것이다.

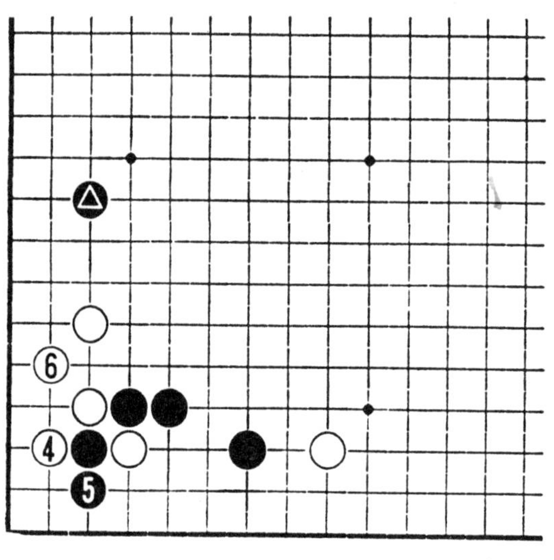

3 도

**3 도**(백도 형에 붙인다)

백 4 로 단수, 6 으로 형에 붙는 정도이다.

이것으로는 백에게 안정되고 재미없다고 생각하는 사람도 있겠지만, 이 정도의 권리는 백도 있다. 그 대신 아래쪽의 흑도 굳힐 수가 있으므로 ●에 끼워 공격한 효과는 있다.

그러면 최후의 마무리까지의 수순을 나타내 두겠다.

**4 도**(일단락)

흑은 일단 7 로 구부린다(이것이 중요. 다음의 참고도를 참조할 것).

백 8 로 교환한 다음 흑 9 로 안는 것이다.

이 흑 9 안기도 결코 적당히 놓고 있는 것이 아니다. 이것을 흑 A로 안으면 백 B의 부풀리기로 C의 붙임맥을 겨

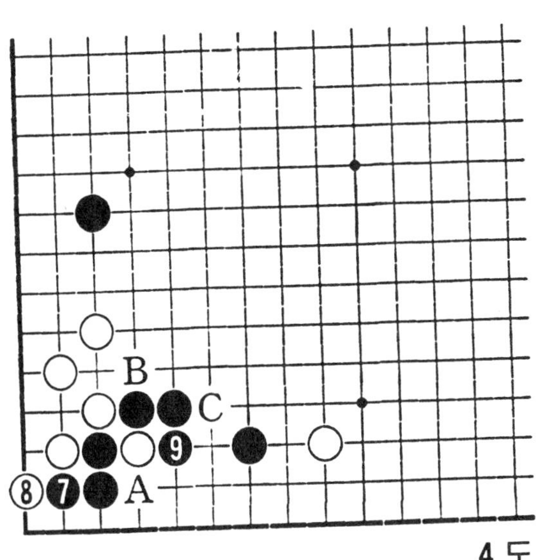

4 도

낭당한다.

◇완착에 주의
참고도 (살리다)

4 도 흑7 의 구부리기
가 중요하다고 하였는데,
당황하여 흑1 로 안으면
백2 는 눌러넣기를 선수
로 놓아버린다. 흑A 로
취하게 되는데, 이 그림
과 4 도와는 흑의 형은

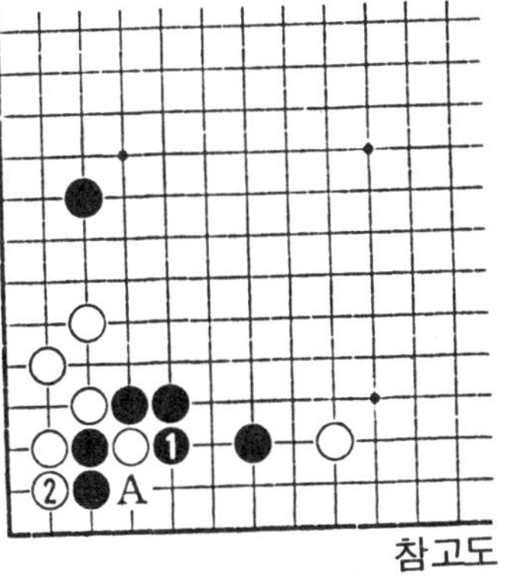

참고도

물론이고, 백에게 여유를 준다는 점에서 큰 차이가  생기
게 된다.

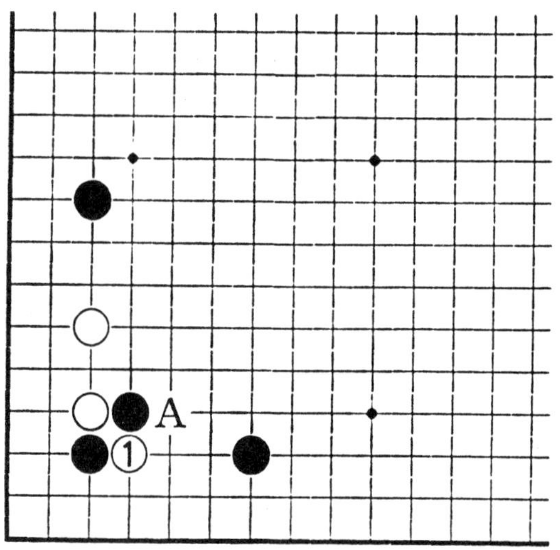

제15형

○제15형 흑선

백1로 엇갈려 끊는 것까지는 앞의 형과 거의 같다.

이 때 흑A로 뻗는 것이 좋다는 것은 설명한 그대로이다. 그러나 이 외에도 여러 가지 놓기가 있다.

그 하나는——

1도(통속적인 놓기)

초보자가 자주 놓는 흑1로 단수, 3·5로 대어잇는 놓기이다. 그러나 그 대부분이 흑A, 백B로 결정되어 버린다.

이렇게 되면 완전히 백의 의도대로 되어버리고 만다.

그러면 흑은 어떻게 놓으면 좋은 것인가.

2도(강력한 맥)

흑7로 구석에서 눌러 넣어가는 것이다.

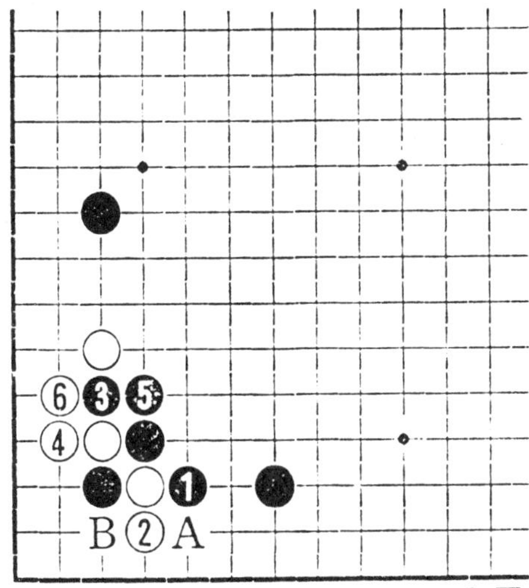

1 도

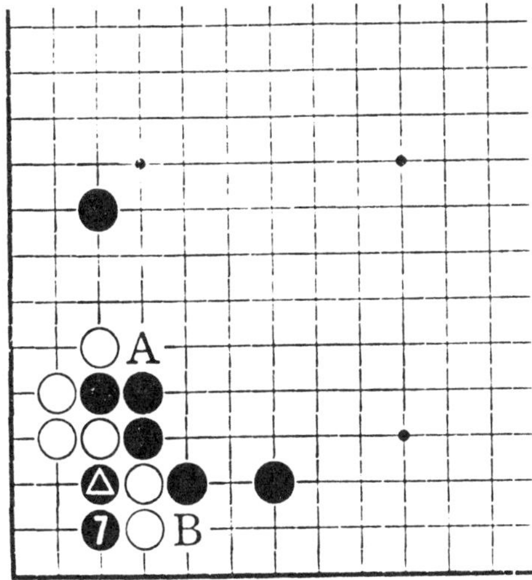

2 도

축 관계에서 변화가 생기는데, 만일 축이 좋으면 이것으로 백 두 점을 잡는다. 그 축 관계에 관해서는 다음 그림에서 설명 하였는데, 그 경우 백은 A로 밀어올리고 흑 B로 안게 될 것이다.

또 그 축이 나빠도 흑은 구석의 두 점 (△과 흑7)을 희생하여 선수로 메꿔 붙이는 수가 있는 것이다.

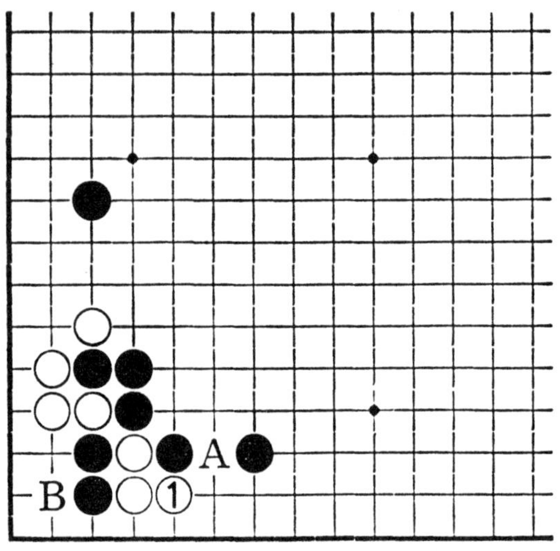

3 도

**3 도**(백이 움직여낸다)

그러면 백1로 구부려 보자. 여기에서 흑이 A로 이으면 백에 B로 붙여져 간단하게 두 점을 잡혀버린다. 이것은 실패이다.

흑은 강렬하게——

**4 도**(흑의 강수)

2로 눌러 넣어가는 것이다. 백3으로 끊으면 흑4로젖혀 단수한다.

이 흑4가 유명한 계속 젖히기의 맥이다. 백 세 점이단수이므로——

**5 도**(축)

이어서 백5로 취하는 한 수이다. 흑은 더욱 6으로 건너 백 세 점을 단수한다.

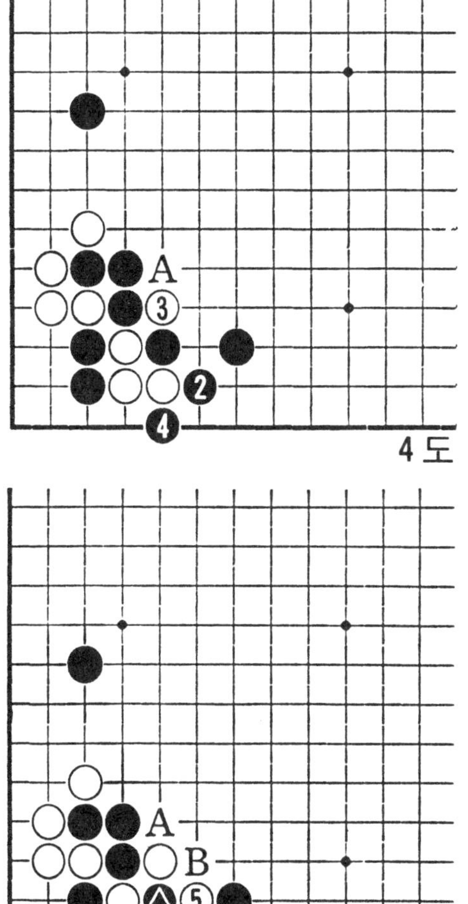

4 도

5 도

백이 만일 ●으로 이으면 혹은 A로 축에 안는다. 그 축 관계가 중요한 것이다. 만일 이 혹 A의 축이 좋지 않으면 백에게 B로 도망칠 기회를 주고, 혹은 뿔뿔이 흩어져 버린다.

그러면 축 관계가 나쁘면, 혹은 어떻게 놓으면 좋을까? 그것은 앞그림 혹 A로 밖에서 되대는 것이다. 그 맥은 이미 여러분이 배운 그대로이다.

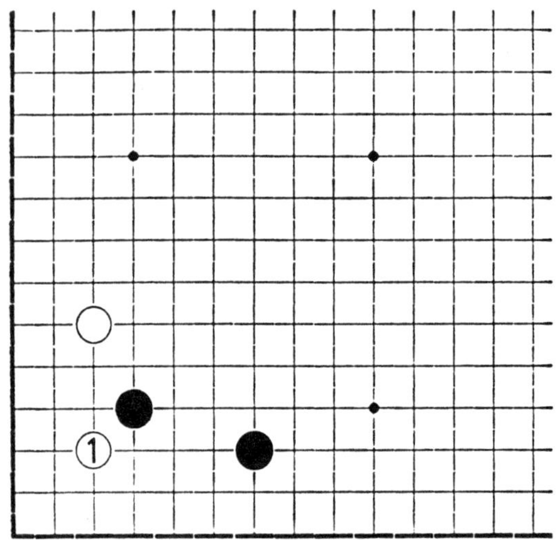

제16형

## 29. 화점의 기본 정석(8) ── 눈목자 받기 ──
## 백 3 · 3 넣기

○제16형 흑선

눈목자 벌리기에 대해 갑자기 백1로 3 · 3에 넣어가
는 경우가 자주 있다.

흑으로써는 우선 당황하지 않는 것이 중요하다. 그리고
구석에서 백을 살려 두어도 괜찮을까를 생각하는 것이 필
요하다.

1도(차단)

흑1로 눌러 백의 분단을 기한다.

중반 이후에서 주위가 백에게 포위되어 흑이 무슨 일이
있어도 눈모양을 만들지 않으면 안되는 상황은 별도로 하

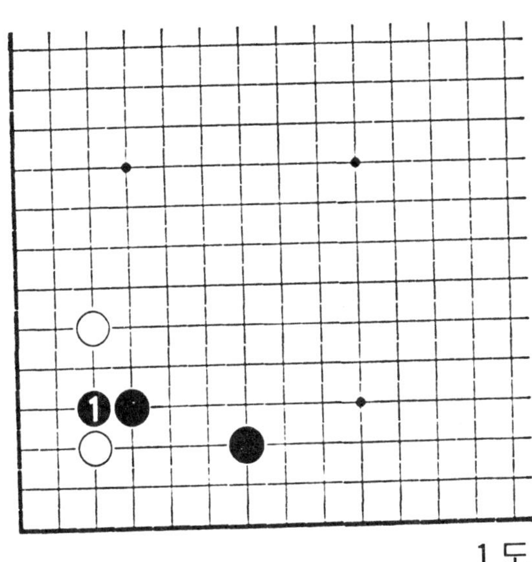

1도

고, 그 이외는 흑1로 차단하는 한 수이다(참고도 참조).

◧ **구석의 땅에 구애되지 말라**

**참고도**(고리형)

백이 구석에 들어가면 흑1로 받는 사람이 있다. 이것은 상당한 손해이다. 구석은 비록 백의 땅이 되었어도 그 대신 외세를 만들 수 있게 되

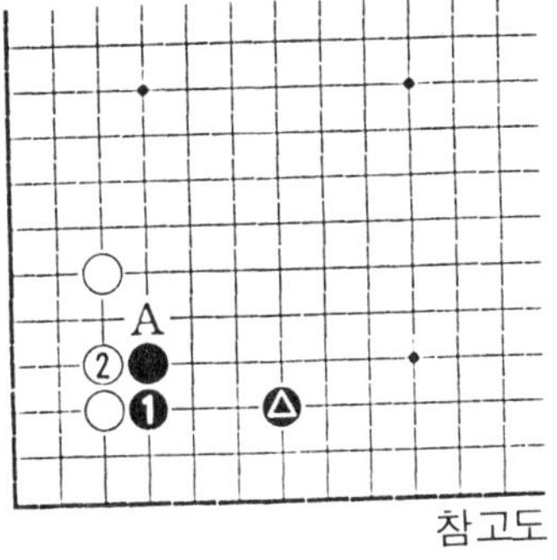

참고도

었으므로 오히려 기뻐하며 벽을 만들듯이 놓아가야 하는 것이다. 백2에는 이어서 흑A로 뻗는 한 수인데 ● 와의 간격이 좁아서 고리형이다.

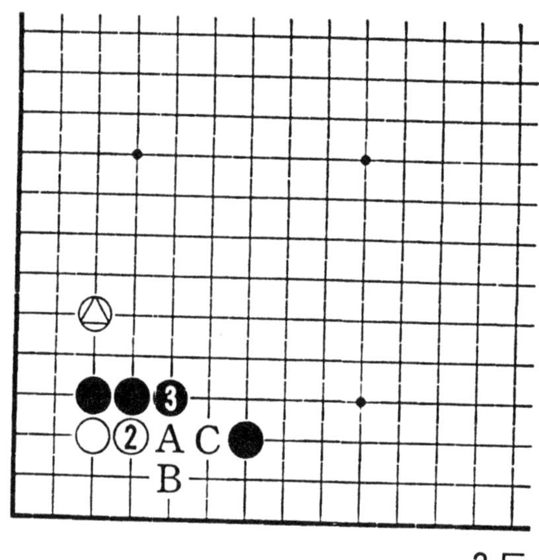

2도

**2도**(끊기를 남기지 말라)

백2의 뻗기에 흑3으로 뻗는다. 흑의 옆에 △가 있는 경우 흑A로 젖히는 것은 좋지 않다. 이것은 이미 알고 있을 것이다.

다만 이 그림의 경우는 흑A에 대하여 백B, 흑C가 되어 있어 흑A에 곧 백3으로 끊는 수가 없다.

이때 백의 놓기는 두 갈래로 갈린다.

그 하나는 백A로 뻗는 것. 또 하나는——

**3도**(일법)

백4·6으로 젖혀잇는 수이다. 이것에 대해——

**4도**(일단락)

흑7의 잇기는 당연한 것으로써, 그때 백8로 뻗은 때에 흑9로 눌러넣어야 한다고 한정지을 수는 없다. 상황에 따

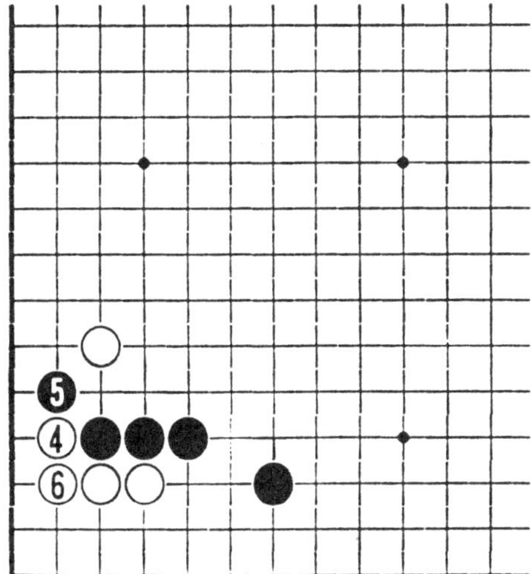

3 도

4 도

라서는 흑 9 에서 흑A로젖혀가는 수도 있을 것이다. 또 백8도백B로 달릴 수도 있다. 이렇게 놓는 방법이 있다는 것을 염두에 두고 이 정석을 외우는 것이 중요하다.

흑9의 눌러넣기가 가장 보통이지만 이것에 대하여 백10 이하 백14가 되어 일단락이다.

또 이 구석 백에 대하여, 흑C, 백D, 흑B의 젖혀잇기 (흑B로는 E 나 F도 있다) 가 선수로 산다.

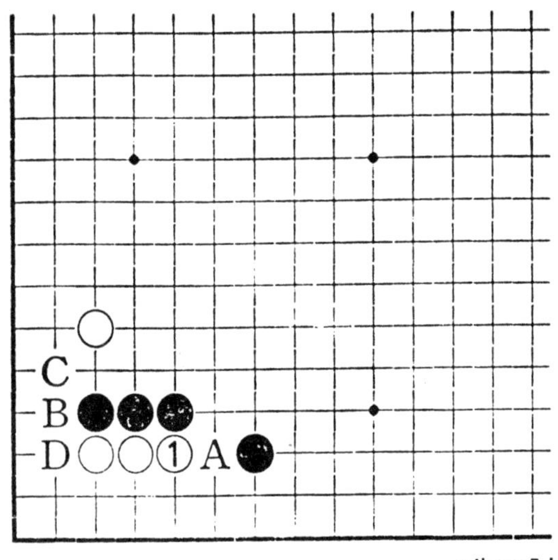

제17형

○제17형 흑선

그러면 앞 페이지 2도 흑3 다음, 이 그림 백1로 뻗어
가는 것은 어떨까?

여기에서 흑A로 눌러넣으면 백B, 흑C, 백D로 젖혀이
어져 4도 형으로 돌아간다.

그리고 흑의 다른 방법으로써——

1도(다른 방법)

흑1·3의 젖혀잇기를 생각할 수 있을 것이다.

이것은 앞 페이지 4도와 같이 윗쪽에 백의 세력이 생
기는 것을 싫어하는 놓기이다. 다시 말하자면 흑이 윗쪽
에 벽을 만들고 △의 한 점을 공격하려 하는 경우에는 이
흑1·3의 젖혀잇기에서 가는 것이 유력하다는 것이다.

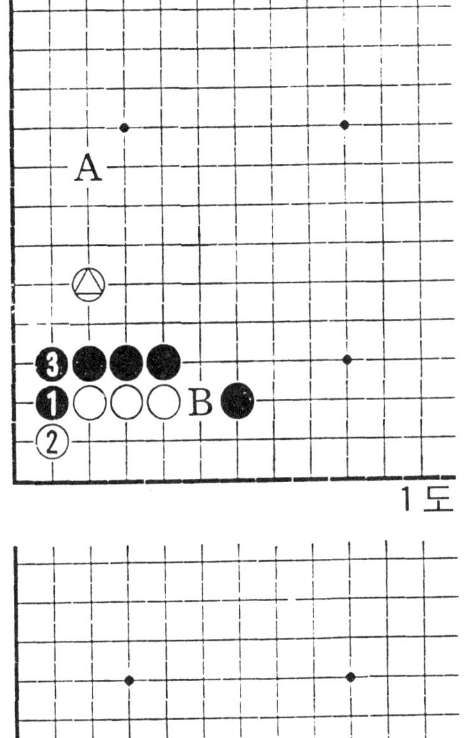

1 도

2 도

그렇다고 해서 백이 여기에서 손을 빼어 백4 등으로 뻗는 것을 흑B로 눌러 넣어서는 안된다.

2도(변화)

백도 5로 붙여대는 한 수이다.

흑6으로 누르고 그리고 백7로 젖히는 것이 되는데, 이때 백은 어떻게 놓는 것이 좋을까?

이것이 맥에 관련이 있는 정석으로써 다룬 이유이다. 다음 그림을 보기 전에 생각해 보도록 하자.

이어서 흑.

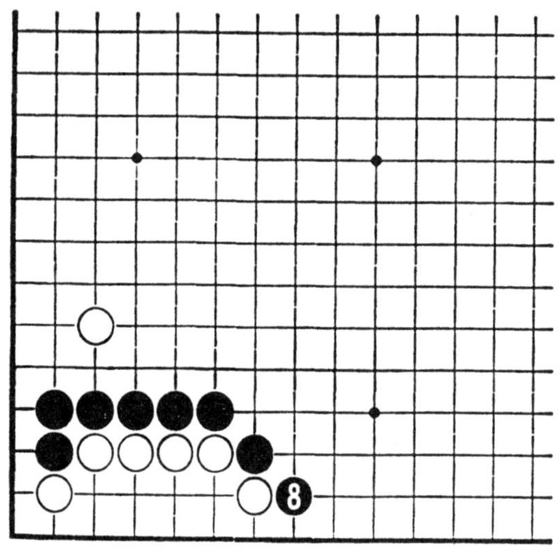

3 도

3도(2단 젖히기의 맥)

흑8로 2단 젖히는 것이 강력한 맥이 된다.

이 흑8 자체는 백에게 잡혀도 좋은 것이다. 그것을 버림돌로 하여 여러 가지 방법을 생각하고 있는 것이다.

이 다음——

4도(백도 안은 형)

백9로 끊고 11로 안는다.

여기에서 흑이 A로 끊어도 백에 B로 잡혀 왼쪽의 백 네 점이 잡히지 않는다(다만 다음 형에서 볼 수 있듯이 패의 맛은 남아 있다).

그러면 흑은 어떻게 놓는가.

5도(단수를 살린다.)

흑12의 단수를 살리는 것이다. 백13으로 잇는 것은 괴

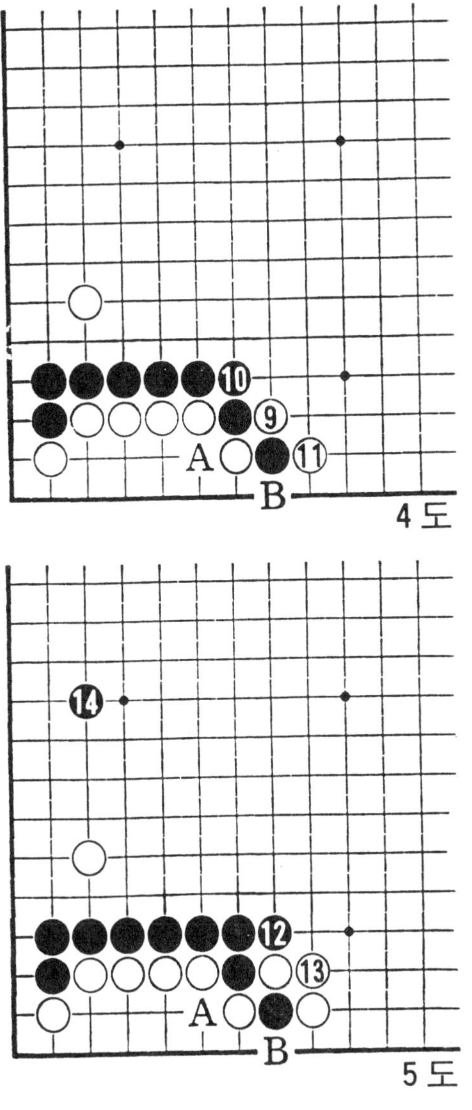

4 도

5 도

로운 일이다.

그렇다고 해서 백13에서 백B로 빼는 것은 흑13의 단수를 살려 하변에 밀어붙여지게 되어버린다.

흑은 여기까지 선수로 결정해 두고 아래쪽의 두꺼운 벽을 14의 끼우기로 돈다.

이상이 눈목자의 백의 3·3 넣기에 대한 기본형인데, 이 5도의 아래쪽에는 아직 흑의 재미있는 맥이 남아 있다. 그것에 관하여 제19형에서 다루어 보았다.

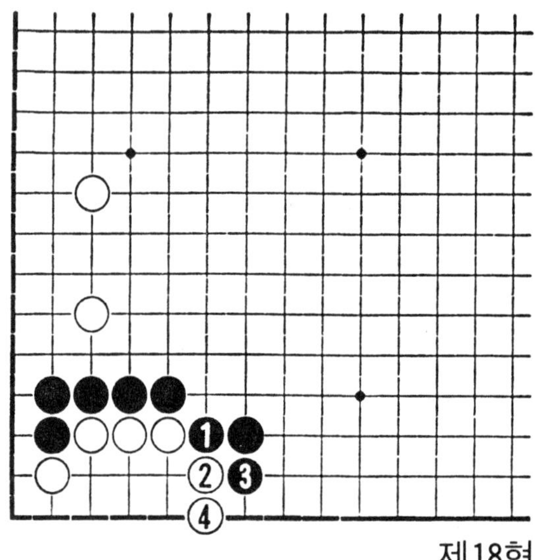

제18형

○ 제 18형 흑선

1 도에서 백이 손을 뺀 경우에 구석의 백의 사활은 어떻게 되는지를 생각해 보자.

흑1의 눌러넣기에 백2·4로 젖혀 살 길을 구하는 것은 당연하다.

그러면 이 백에 대해 흑은 무슨 좋은 수단이 없는 것인가?

1 도(실패)

보통 흑1로 구석을 젖히는 것은 백에 2로 내려져 산다.

흑3의 두기에도 백4, 그리고 다음에 흑A로 공배를 메꿔도 백B로 죽일 수가 없다.

흑3의 두기에서 흑4로 놓으면, 이번에는 백3으로 아

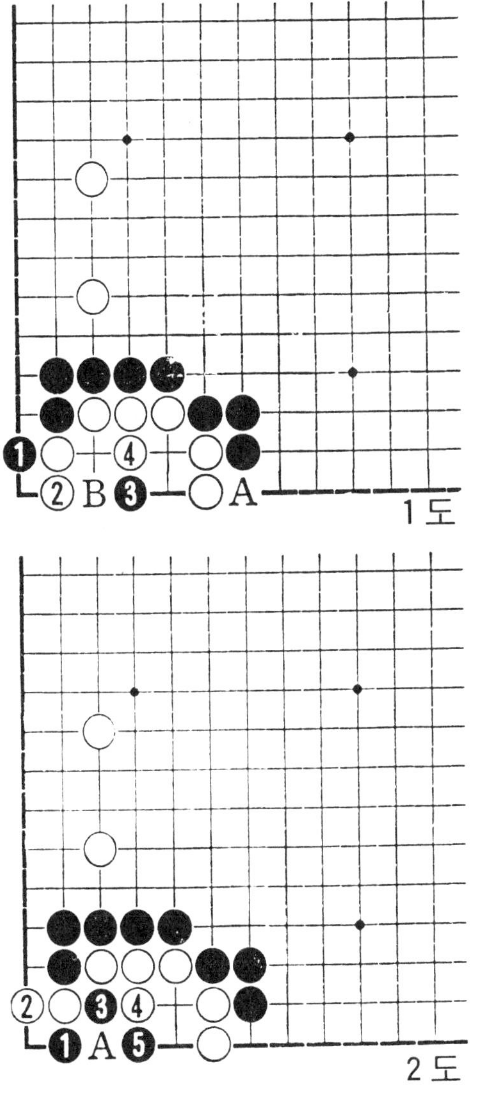

1 도

2 도

래에 붙여 역
시 산다. 그
  그러면 정해
를 보겠다.

  **2 도**(맥)

  흑 1 의 끼워
붙이기가 맥
이다. 만일 백
2 로 차단하
면 흑 3 으로
쳐들어가는 것
이다. 백 4 의
단수에 흑 5
로 놓아 패가
되는 것이 좋
은 맥이다.

  또 흑 1 에
대하여 백 A 의
누르기라면 흑
4 로 놓아 무
조건 죽일 수
있다.

  본래 흑 1 에
서는 흑 3 의
쳐들어가기부
터 가는 맥도
성립한다.

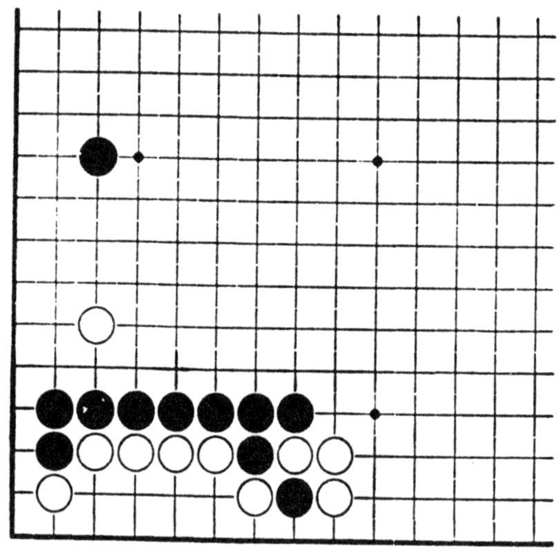

제19형

○제19형 흑선

이것은 앞의 페이지 5도를 다시 실은 것이다.

과연 흑이라면 아래 구석의 백에 대해 수단이 있는가 하는 문제이다.

1도(맥)

흑1의 끊기는 누구라도 알 수 있는 것이지만 여기에서는 흑3으로 쳐들어가는 것이 좋은 맥이 된다.

백A로 안으면 흑B로 취해버린다. 따라서 백으로써는——

2도(되내기의 맥)

4로 단수하는 한 수이다.

흑5로 단수하는 것이 또한 호맥이 된다. 백6의 취하기에 흑7로 단수한다. 백은 A로 취하여 패가 된다(2단

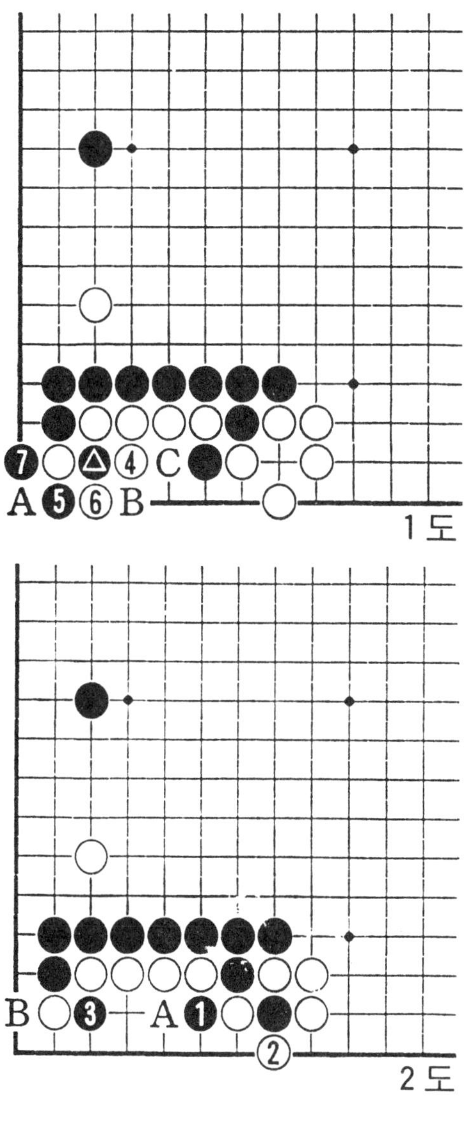



패). 그러나 이 패는 흑에게 있어서 꽃놀이패이다.

반대로 백에 있어서는 편하지 않은 패가 된다. 흑이 만일 패를 세워 흑5로 다시 취했을 때 백은 ▲에 이을 수가 없다. 흑C로 상당한 패가 되어버리기 때문이다.

다만 주의해야 할 것은 이 구석에 수가 있다고 해서 서둘러 수를 붙여서는 안 된다는 것이다.

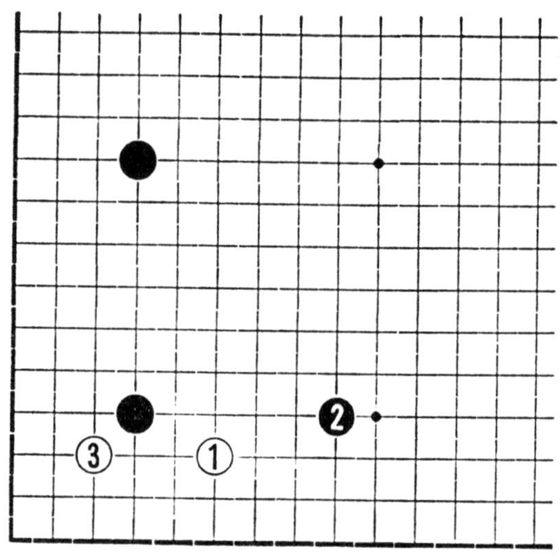

제20형

## 30. 화점의 기본 정석 (9)──두 칸 높이 끼우기 ── 3 · 3 넣기

○제 20 형 흑선

이 흑2의 두 칸 높이 끼우기에 백3의 3 · 3으로 넣는 정석은 그 변화도 여러 가지 있지만, 그 중에서도 다채로운 맥이 생기는 하나의 변화를 다루어 보았다.

1도(상형)

보통은 흑1로 누르는 참이고, 백2에 흑3으로 뻗는 것이 요점이라는 것은 이미 배운 대로이다.

백이 만일 손을 빼면 흑A, 백B, 흑C로 끊는 맥으로 백이 곤란하다. 백은 D로 누르든가, 백E로 나란히 놓든가 하여 대응한다.

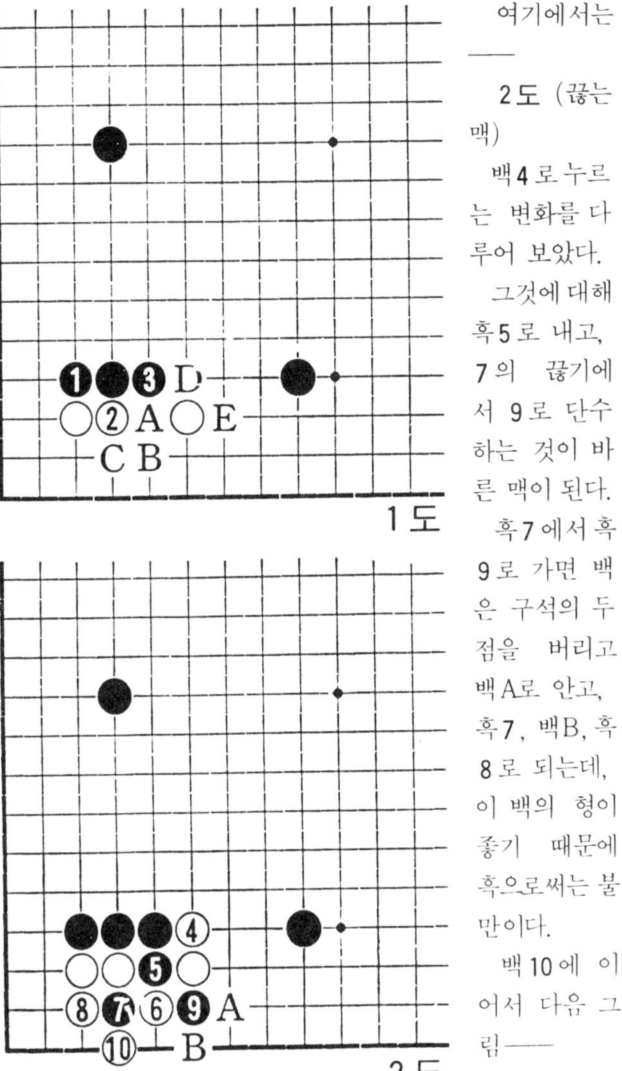

여기에서는
——

2도 (끊는 맥)

백4로 누르는 변화를 다루어 보았다.

그것에 대해 흑5로 내고, 7의 끊기에서 9로 단수하는 것이 바른 맥이 된다.

흑7에서 흑9로 가면 백은 구석의 두 점을 버리고 백A로 안고, 흑7, 백B, 흑8로 되는데, 이 백의 형이 좋기 때문에 흑으로써는 불만이다.

백10에 이어서 다음 그림——

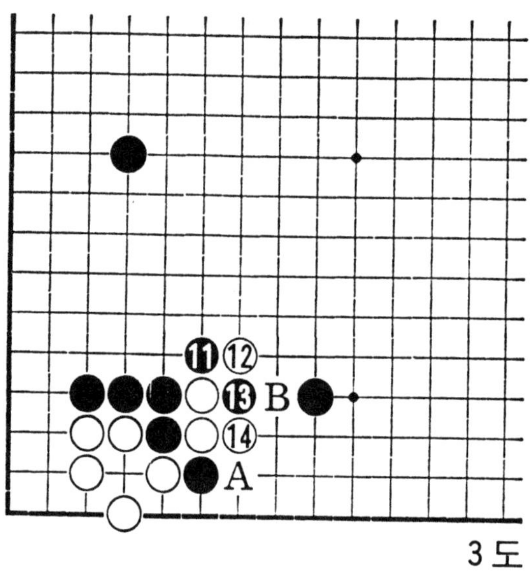

3 도

**3 도**(봉쇄를 기한다)

흑11로 젖힌다. 이렇게 하여 윗쪽을 봉쇄하려는 것이다. 다음에 백A라면 흑은 12로 뻗는 것이다. 백도 그것을 방해하기 위하여 12로 젖힌다.

여기에서 흑13으로 끊어가는 것이 재미있는 맥이다.

백14로 뻗은 때 흑은 당황하여 B로 잇지 못한다.

**4 도**(두 점으로 해서 버린다)

흑15로 뻗는 것이다. 이것이 호수인 것이다. 만일 백이 A로 한 점을 취하면 혹은 16으로 단수, 백이 ●에 이은 때 흑B로 축어 취한다.

따라서 백은 16으로 뻗는 길 밖에 다른 도리가 없다. 백에 이렇게 뻗어 내게 한 다음——

**5 도**(수순)

혹 17로 잇는다.

혹은 이렇게 해서 ▲의 두 점을 희생시켜 봉쇄를 겨냥하는 것이다.

그러면 이 뒤 백이 어떻게 놓을 것인지 다음 그림을 보기 전에 생각해 보기 바란다.

이상의 일련의 돌의 흐름은 거의 필연적인 것이라고 할 수 있다. 예를 들면, 3도 백14 다음 혹B로 이으면 백은 같은 그림 A로 안게 된다.

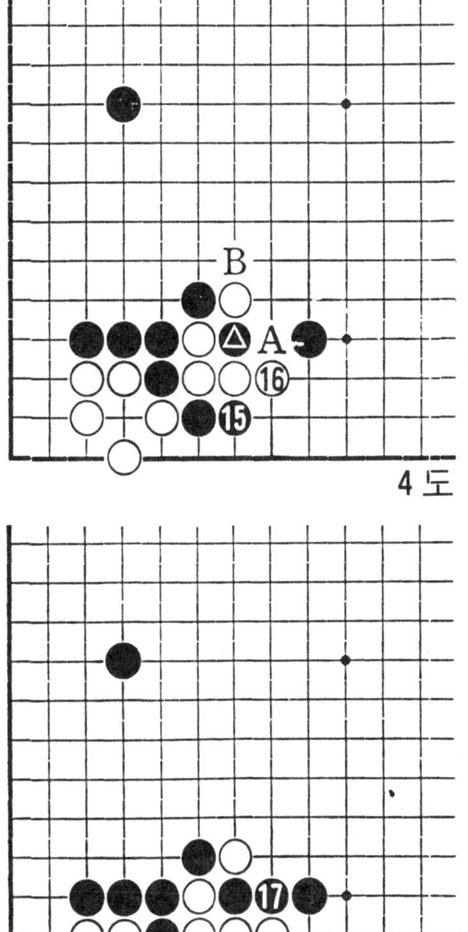

4 도

5 도

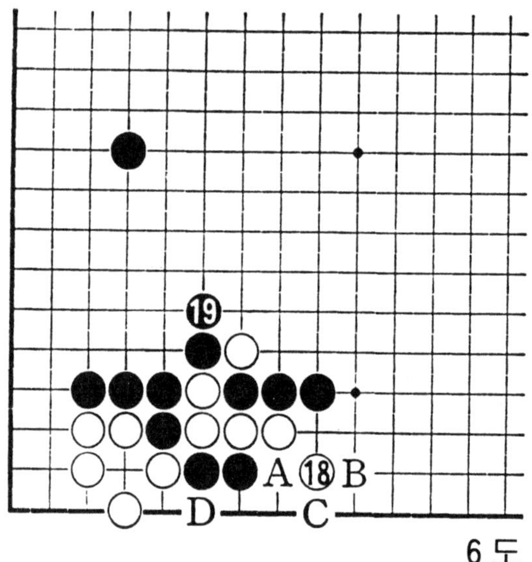



6 도

## 6 도(마늘모의 맥)

백 18 의 마늘모, 이것도 맥이다. 보통 백A로. 눌러넣는 수를 생각하지만, 이것은 흑에 다음의 **참고도**와 같이 놓여지기 때문에 좋지 않은 것이다.

흑도 19 로 뻗어 일단락이다. 백의 실리, 흑의 외세라는 가르기이다.

또 흑19로 뻗기 전에 상황에 따라서는 흑B로 붙이고, 백A, 흑C, 백D로 정한 다음 흑19로 뻗는 것도 있다.

그러나 대부분의 경우는 아래쪽을 이대로 방치하여 여러 가지 맛을 본다.

## 7 도(축 겨냥)

예를 들면, 흑의 ●의 마늘모 등도 살려간다. 만일 백이 손을 빼면 흑1에서 3·5로 2단에 젖히기로, 이하 흑7

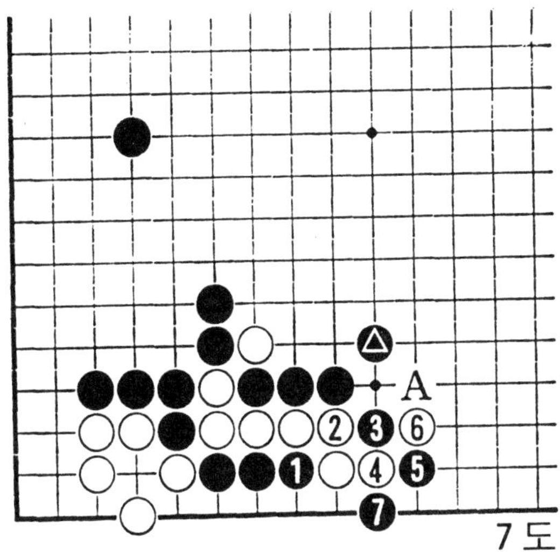

7도

로 메꿔붙여 축으로 가져가는 맥이 성립하는 것이다.

그외 A나 6 등에 흑돌이 와도 역시 흑1부터 놓아 백을 취할 수가 있다. 확인해 보도록.

◇ 속수에 주의

참고도(딱 봉쇄)

6도 백18의 마늘모를 백1로 눌러넣으면 흑2의 붙이기 맥으로 백은 딱 봉쇄되어 버린다. 이와 같이 맛 좋게 결정되어서는 바둑에서 이길 수가 없다.

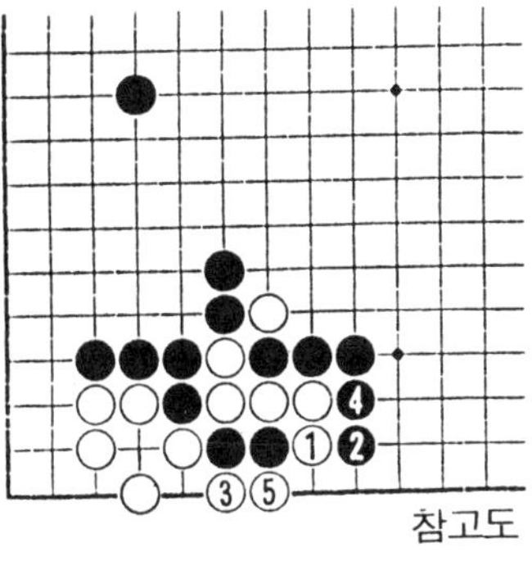

참고도

상대의 돌에 적어도 마디를 붙이도록 연구하는 것은 중요하다.

## 맥을 알아야 바둑을 잘 둔다

2012년 5월 25일 인쇄
2012년 5월 30일 펴냄

지은이/ 大竹英雄
옮긴이/ 프로바둑연구회
펴낸이/ 최 상 일
펴낸곳/ 太乙出版社
서울특별시 중구 신당6동 52-107 (동아빌딩내)
등록/1973년 1월 10일(제4-10호)

＊잘못된 책은 구입하신 곳에서 교환해 드립니다.

■주문 및 연락처

우편번호 100-456
서울특별시 중구 신당6동 52-107 (동아빌딩 내)
전화 / 2237-5577 팩스 / 2233-6166
ISBN 89-493-0365-5     13690